NÃO ENTENDO MUITO DE VINHO, MAS SEI DO QUE GOSTO

SIMON WOODS

NÃO ENTENDO MUITO DE VINHO, MAS SEI DO QUE GOSTO

SEXTANTE

Publicado pela primeira vez em 2003 com o título
I Don't Know Much About Wine, But I Know What I Like,
por Mitchell Beazley, uma divisão da Octopus Publishing Group Ltd.
(2-4 Heron Quays, Docklands, Londres E14 4JP).

TRADUÇÃO: Cíntia Braga
PREPARO DE ORIGINAIS: Débora Chaves
REVISÃO: José Figueiredo, Sérgio Bellinello Soares e Tereza da Rocha
PROJETO GRÁFICO: Marcia Raed
ILUSTRAÇÕES: Suppa
CAPA: Miriam Lerner
PRÉ-IMPRESSÃO: ô de casa
IMPRESSÃO E ACABAMENTO: Geográfica e Editora Ltda.

CIP-BRASIL. CATALOGAÇÃO-NA-FONTE
SINDICATO NACIONAL DOS EDITORES DE LIVROS, RJ

W86n
Woods, Simon, 1963-
Não entendo muito de vinho, mas sei do que gosto / Simon Woods [tradução de Cíntia Braga]. – Rio de Janeiro: Sextante, 2007.

Tradução de: I don't know much about wine, but I know what I like
ISBN 978-85-7542-323-3

1. Vinho e vinificação. 2. Vinho – Degustação. I. Título.

07-2363 CDD: 641.22
CDU: 641.87:663.2

GMT Editores Ltda.
Rua Voluntários da Pátria, 45 – Gr. 1.404 – Botafogo
22270-000 – Rio de Janeiro – RJ
Tel.: (21) 2286-9944 – Fax: (21) 2286-9244
E-mail: atendimento@esextante.com.br
www.sextante.com.br

SUMÁRIO

INTRODUÇÃO

TUDO SOBRE VINHO

Hum. Detesto contradizê-lo, mas é provável que você tenha mais conhecimento do que imagina sobre vinho. Pode não ter noção de termos como *terroir*, adstringência, taninos, diferentes tipos de uvas e produtores, mas, com certeza, você sabe que:

- a uva Cabernet Sauvignon produz vinhos tintos;
- a uva Chardonnay produz vinhos brancos;
- e que um vigoroso Cabernet californiano acompanha melhor um churrasco do que uma taça de vinho do Porto.

À parte essas informações básicas, é quase impossível manter-se atualizado sobre o que acontece no mundo dos vinhos – especialmente as pessoas normais, que não passam o dia inteiro participando de degustações. Você já ouviu falar do Pacherenc du Vic Bilh? E do Jerepigo? E do Bomballerina Bianco? Está bem, eu admito: inventei esse último, mas os outros existem.

Meu objetivo é demonstrar que existem milhares de vinhos diferentes sendo produzidos, e mesmo os mais entusiásticos e dedicados provadores profissionais (trabalho duro, segundo eles...) só conseguem degustar uma pequena parte. Não por acaso, as pessoas acabam elegendo dois ou três favoritos ou qualquer marca que esteja em promoção naquela semana.

Está na hora de mostrar algum atrevimento com o saca-rolha. Afinal, uma das coisas mais excitantes em relação ao vinho é sua diversidade. Da mesma forma que não ouvimos a mesma música o tempo todo nem vestimos as mesmas roupas todo dia (a menos que sejamos estudantes universitários), não devemos nos acomodar escolhendo os mesmos vinhos cada vez que nos vemos confrontados com uma fila de garrafas.

O mundo dos vinhos tem mais a oferecer do que Cabernets e Chardonnays. Alguns vinhos são maravilhosos, outros não. O objetivo deste livro é afastar você dos últimos e aproximá-lo dos primeiros. Seu título talvez devesse mudar para *Sei um pouco sobre vinhos e gostaria de descobrir mais.* Se for o seu caso, pegue um copo e continue a ler...

EXPERIMENTAR É PRECISO

Nunca permita que alguém diga que você é um tolo por gostar de algum vinho específico. Algumas pessoas têm um fraco por doces, outras por um Sauvignon

Blanc. Se você gosta do que está bebendo, você tem razão e ponto final.

Se alguém lhe der uma taça de vinho esperando que você entre em êxtase e, ao contrário, você sente um arrepio de horror, então, mais uma vez, você tem razão. Se todos nós bebêssemos o mesmo tipo ou a mesma marca de vinho, o mundo seria menos interessante – e eu estaria desempregado.

É claro que existem as unanimidades e os vinhos que não suportávamos no passado e que, agora, achamos indispensáveis. O surpreendente é o número de pessoas que mudam de idéia depois de experimentar novos sabores com método e regularidade.

Conheço pessoas que antes atravessavam a rua para evitar uma taça do seco Jerez e se converteram depois de degustações bem-feitas durante uma viagem à Espanha. De maneira semelhante, fãs da suavidade de um Chardonnay, de um Liebfraumilch ou de um Mateus Rosé passaram a fugir deles depois de conhecer novos sabores.

Não foi o vinho que mudou, mas suas papilas gustativas. Ou, como diriam os enófilos, foi seu palato que evoluiu. Mas isso não deveria surpreendê-lo. Lembre-se do que você vestia dez anos atrás.

Tudo o que eu peço a você é uma semana sem tomar

Chardonnays californianos, Merlots chilenos e Pinots Grigios italianos – nesse período, prove algo diferente. Existem dúzias de alternativas na maioria das lojas.

E, se você se recusar a testar novos vinhos, o proprietário vai começar a achar que não é uma boa idéia manter um estoque tão variado. Ou seja, a diversidade vai diminuir até sobrarem apenas as mesmas marcas de sempre. Você quer mesmo ficar com esse peso na consciência?

SE PARECE BARATO, PROVAVELMENTE O GOSTO É RUIM

Ao contrário do que acontece em muitas outras áreas da vida, no mundo do vinho as aparências não enganam. Quando se trata de uma garrafa de vinho, o preço é, sim, documento. Se for muito barato, provavelmente é ruim. Alguns reais a mais podem representar um enorme salto de qualidade.

Todos nós gostamos de pechinchar. Não há quase nada tão satisfatório quanto pagar um preço irrisório por algo que desejamos. Algumas pessoas, por exemplo, se deliciam com um Merlot do sul da França porque ele oferece a qualidade e o estilo do Bordeaux tinto por alguns reais a menos. Outras vão preferir ir até a loja A, em vez da loja B, porque lá seu Sauvignon Blanc favorito é 10% mais barato.

Mas e quando a barganha não é verdadeira? Se você observar uma vinícola como, por exemplo, a brasileira Cave Geisse, cada acréscimo em sua tabela de preços demonstra um aumento em qualidade. A linha de espumante brut custa cerca de R$ 55, e a linha *terroir*, R$ 105.

Nessas faixas de preços há vinhos e espumantes de outras empresas que são melhores, mas há também os que são piores. O que é o esperado.

Porém, aqui a coisa se complica. Muitas empresas fecham acordos com grandes supermercados e distribuidores de modo a conseguir fazer promoções de até 50% de desconto por até dois meses. Um vinho de R$ 15 pode parecer barato para muita gente, mas, quando se sabe que ele custava R$ 30, ele começa a se tornar aceitável. O incrível é que a quantidade vendida durante a promoção é igual à do restante do ano. Com essa jogada, tanto o produtor como o varejista têm um lucro razoável.

Isso nos leva à seguinte pergunta: será que se tratava realmente de um vinho de R$ 30 desde o início? Resposta: Não. Essas promoções acabam privilegiando as grandes vinícolas, as únicas com os volumes necessários para bancar tais ofertas. Os bons pequenos produtores, cujos vinhos estão, de fato, na faixa dos R$ 30, são empurrados para os cantos das prateleiras.

Mais uma vez, o resultado é menos variedade e mais monotonia. Não estou dizendo para você evitar os vinhos em oferta. Quero apenas alertá-lo para o fato de que, no submundo do marketing do vinho, preço e qualidade quase nunca andam de mãos dadas. Você precisa estar ciente de que não está fazendo um ótimo negócio – mas simplesmente pagando o que aquele vinho, ou espumante, merece.

ONDE ESTÁ E O QUE É O NOVO MUNDO?

Originalmente, a expressão Novo Mundo englobava apenas as Américas do Norte e do Sul, mas, na geografia do vinho, ela passou também a representar a Austrália, a Nova Zelândia e a África do Sul.

Se você examinar o rótulo de uma garrafa produzida no Velho Mundo – nas regiões tradicionalmente produtoras da Europa, como Bordeaux, Mosel, Toscana, Rioja, etc. –, ele lhe dirá onde o vinho foi produzido e quem o produziu.

A variedade de uvas utilizadas? Provavelmente não. Uma descrição e sugestões de combinações no verso do rótulo? Só se você tiver sorte. Mas por que você precisaria disso? Afinal, estamos falando de um Puligny-Montrachet ou de um Barbaresco – será que isso não diz tudo o que você precisa saber?

Os países do Novo Mundo têm produzido vinhos há muitos anos – a Nova Zelândia, por exemplo, tem vinhedos com mais de 200 anos de idade –, mas só nos últimos 30 anos eles conseguiram se tornar conhecidos em todo o mundo.

São várias as razões para isso:

- Confiabilidade. Os produtores do Novo Mundo são, tecnicamente, competentes, fanáticos por higiene e fazem vinhos bem razoáveis.
- Bom preço. Os vinhos têm uma ótima relação custo-benefício.
- Sabor. Várias regiões vinícolas do Novo Mundo são mais quentes que suas concorrentes do Velho Mundo e por isso produzem uvas mais maduras e doces, que se traduzem em sabores agradáveis ao consumidor – as pessoas dizem freqüentemente que podem "sentir o gosto do sol".
- Facilidade. Os que tropeçam em termos do Velho Mundo como, por exemplo, Trockenbeerenauslese e Montepulciano d'Abruzzo não têm problemas em pedir uma garrafa de Chardonnay Montana.

- Comunicação. Os produtores do Novo Mundo conversam entre si, trocam idéias; sabem que, apesar de serem concorrentes, é de interesse comum fortalecer os vinhos "do Chile", "da África do Sul" e "da Califórnia".
- O Velho Mundo simplesmente perdeu o timing. Deitou-se sobre os louros, descuidou da produção e o resultado foi uma seqüência de safras nada confiáveis. O Velho Mundo não levou a sério a ameaça do Novo Mundo até perder espaço nas prateleiras dos supermercados e nas adegas dos consumidores.

Atualmente, a fronteira entre esses dois "mundos" está cada vez mais imprecisa. A razão é simples: os produtores tradicionais reagiram à invasão. Melhoraram suas adegas, adaptaram seus vinhedos de modo a cultivarem uvas melhores e mais maduras, e até tiveram algumas aulas de marketing. Resumindo: o Novo envelheceu, o Velho se renovou.

PRIMEIROS PASSOS

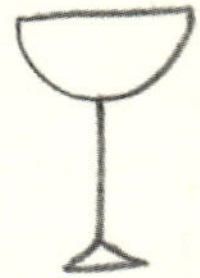

AS DEZ MELHORES UVAS VERMELHAS

CABERNET SAUVIGNON – O CARRO-CHEFE. A mais internacional das uvas, a Cabernet Sauvignon conseguiu preservar seu sabor encorpado de cassis, ameixa, menta e cedro, onde quer que esteja plantada. Traços de azeitona e amora silvestre aparecem nos vinhedos de clima mais quente, enquanto nos locais mais frios prevalecem as nuances de pimentão.

PINOT NOIR – TEMPERAMENTAL, MAS MAGNÍFICA. A grande Pinot, que não pertence mais somente à Borgonha, é sedutora, aromática, absolutamente deliciosa, destilando sabores de frutas vermelhas, ervas e muito mais. A Pinot de qualidade inferior é entediante e cara demais. Portanto, muito cuidado na escolha da garrafa.

SHIRAZ – A GRANDE PROMESSA. Mais confiável que a Pinot, mais excitante que a Cabernet, com a Shiraz você tem tudo o que deseja: colorido, sabor de pimenta-do-reino, amoras pretas e cassis, além de pitadas de chocolate, casca de laranja e ameixa.

MERLOT – UMA COLEGA AMIGÁVEL. Pense na Merlot como uma Cabernet Sauvignon mais suave e menos formal. Na verdade, as duas são freqüentemente misturadas – com a Merlot encorpando ainda mais a estruturada Cabernet. Ameixas, amoras pretas e cassis são notas típicas, assim como chocolate e folhas de amoras pretas.

GRENACHE – O CALOR DO SUL. Leve na cor, mas rica em sabores quentes de morango e ervas, a Grenache é a força impulsora por trás de uma ampla gama de vinhos no sul da França e no norte da Espanha, incluindo o Chateauneuf du Pape, Côtes du Rhône e Priorat. Cada vez mais popular, ela é freqüentemente misturada com Shiraz ou Mourvèdre.

TEMPRANILLO – RIOJA 24 HORAS. A principal uva da região espanhola de Rioja e Ribera del Duero está lentamente abrindo seu caminho, temperado e com toques de morango. Espere ouvir mais sobre essa estrela em potencial.

NEBBIOLO – NÃO HÁ NADA MELHOR DO QUE ESTAR EM CASA. Não se sabe a razão, mas o fato é que a Nebbiolo raramente ultrapassa a região do Piemonte, no noroeste da Itália. Apesar disso, produz esplêndidos Barolos e Barbarescos para quem gosta de vinhos que podem ser guardados por muitos anos. Alcatrão, rosas, violetas, framboesas e madeira queimada são traços típicos dessa casta.

SANGIOVESE – O CORAÇÃO DO CHIANTI. A Sangiovese tem se destacado um pouco mais que a Nebbiolo, especialmente na Toscana, lar do Chianti e do Brunello di Montalcino. Pense em cerejas amargas, cassis e tabaco fresco.

CABERNET FRANC – A OUTRA CABERNET. Uma versão mais amadeirada e com forte presença mineral de sua prima-irmã, a Cabernet Sauvignon. Muito utilizada para misturas, mas capaz de sozinha produzir um vinho tinto refrescante e agradável ao paladar.

MALBEC – À MODA DA ARGENTINA. Seu lar é o sudoeste da França, mas devemos agradecer aos argentinos pela atual popularidade da Malbec, que destila aromas de amora e violeta. Capaz de tudo, desde tintos amigáveis, que acompanham muito bem um churrasco, até tintos poderosos.

DOIS

AS DEZ MELHORES UVAS BRANCAS

CHARDONNAY – AINDA FASCINADO POR ELA DEPOIS DE TODOS ESSES ANOS. A onipresente Chardonnay oscila de fabulosa a desonesta, dependendo do produtor. Com um sabor mais ou menos acentuado de carvalho, de frutas tropicais (quando cultivada em climas quentes) e de melão maduro e limão (quando cultivada em climas frios).

RIESLING – SANGUE AZUL. Uma uva aristocrática que se adapta tanto ao frio do vale do Mosel alemão quanto ao clima mais quente do sul da Austrália. Os vinhos de sobremesa são suaves, mas equilibrados; os secos, robustos e adstringentes, com toques de maçã e frutas cítricas. Também demonstra o caráter do *terroir* como nenhuma outra variedade.

SAUVIGNON BLANC – DE ERVA-DOCE A XIXI DE GATO. Uma uva para ser amada ou odiada, pois ela apresenta um coquetel de groselhas, aspargos, ervas, limões e xixi de gato (sim, no vocabulário aromático do *Guia de vi-*

nhos Larousse, esse é um aroma positivo) que pode ser forte demais para alguns paladares. Mas há vinhos do vale do Loire francês, da Nova Zelândia e da África do Sul que são maravilhosamente refrescantes.

PINOT GRIGIO – VÍTIMA DA MODA. Seu melhor tempero vem da Alsácia, no leste da França, região que produz vinhos com sabor defumado de abacaxi e pêssego. O nordeste da Itália também produz um estilo mais leve e com sabor de nozes, mas muitas versões se encaixam na sigla AFSN (adstringente, fresco, seco e neutro).

SÉMILLON – POR FAVOR, NÃO ME COMPREENDA MAL. A Sémillon pode ser bastante neutra quando jovem, mas emerge como uma fênix com o tempo – mostrando uma face rica e adstringente (áspera, com taninos evidentes) e um sorriso de limão. Freqüentemente utilizada para acrescentar suavidade à mais aromática Sauvignon Blanc.

GEWÜRZTRAMINER – ELA NÃO TEM NADA DE TÍMIDA. Contanto que o viticultor saiba controlar os sabores de gengibre, lichia, pétala de rosa e laranja, a Gewürztraminer é uma das experiências mais fortificantes. Se você não sentir sua força, pode ter certeza: a garrafa é de má qualidade.

VIOGNIER – VENHA ME VER UM DIA DESSES. Não tão artificial quanto a Gewürztraminer, mas tão aromática quanto, a honesta Viognier é inebriante e rica de aromas de pêssego, damasco e avelã. Mas é uma vinha difícil de cultivar, como vários exemplares sem sabor o demonstram.

MUSCAT – TEM GOSTO DE QUÊ? Sim, uma uva rara com gosto de... uva. Muito utilizada para vinhos suaves, compatíveis com o sabor do chocolate. Mas ela também é capaz de produzir vinhos brancos levemente condimentados.

CHENIN BLANC – A AGONIA E O ÊXTASE. No vale do Loire, elas são utilizadas para tudo, desde vinhos brancos extremamente ácidos e secos até alguns dos melhores e mais antigos vinhos doces. As versões sul-africanas e americanas dos vinhos feitos com essa casta são mais suaves e elaboradas. Maçã, marmelo, noz e mel são suas principais notas, embora existam alguns outros aromas menos lisonjeiros.

PALOMINO – SÓ PARA INICIADOS. O principal ingrediente do mais subestimado de todos os vinhos, o Jerez.

TRÊS

NOS BASTIDORES DE UM VINHEDO

LIÇÃO NÚMERO 1 – O vinho é feito de uvas, e as uvas crescem em vinhedos. Até aí, nada de novo. Mas não basta plantar a semente da uva e esperar que as plantinhas apareçam. Não. É preciso saber por que, onde, o que, como e quando.

POR QUÊ? É praticamente impossível obter qualidade e quantidade. O produtor precisa decidir o que deseja: um ótimo vinho, um vinho comum ou algo entre os dois? Uma vez que isso esteja definido, é o caso de...

ONDE? Um bom vinho só pode vir de bons vinhedos, que são poucos e distantes entre si. Os melhores *terroirs* da Borgonha são mais caros que um terreno em Nova York. E grandes produções exigem grandes extensões de terra e fartura de água (seja por meio de chuva ou por sistemas de irrigação).

O QUÊ? Cabernet Sauvignon? Chardonnay? Shiraz? Talvez as três e mais outras. Em vez de sementes, os produtores plantam mudas, pois elas são mais confiáveis e podem ser obtidas nos hortos ou tiradas de outras vinhas. Por causa de uma praga chamada filoxera, que destrói as raízes de videiras, as mudas na maior parte do mundo são enxertos feitos com outras espécies. Acima do solo, a planta pode ser Merlot; abaixo, um tipo completamente diferente de parreira que seja resistente à filoxera.

COMO? A distância entre as videiras é muito importante. Se plantadas perto demais, a folhagem faz sombra sobre as uvas da planta vizinha. Longe demais, perde-se espaço. Além disso, a parreira precisa ter folhas suficientes para a fotossíntese, mas não tantas que a uva não veja o sol. A maneira de podar também influencia o resultado final: a produção pode ser pequena e ter um sabor concentrado, ou pode ser maior, porém com um sabor mais diluído. Várias tarefas, inclusive a colheita, podem ser feitas por máquinas, mas o vinhal deve ser plantado de acordo. E não se deve descuidar da quantidade de fertilizantes, herbicidas e fungicidas utilizados. Finalmente…

QUANDO? Algumas pessoas adaptam seu trabalho no parreiral a atividades diversas, outras planejam as etapas da produção de acordo com as fases da Lua e há quem se deixe guiar por uma experiência de gerações. A colheita é a mais importante das tarefas. Há vários métodos científicos para determinar o momento de colher a uva, mas o mais eficiente deles ainda é ir aos vinhedos e provar a uva no pé. Se estiver madura, está na hora de colhê-la. Simples assim.

QUATRO

O QUE É *TERROIR?*

Não, não é *terrier* nem terror – o termo francês *terroir* (pronuncia-se "terrrroarrrr") envolve todos os elementos naturais de uma região delimitada, tais como a composição do solo, a altitude, o microclima (a insolação, o índice pluviométrico) e a geografia do entorno (o aspecto e a inclinação do solo, a presença de rios, os tipos de ventos).

Para o Velho Mundo, o *terroir* é tudo em um vinho, pois ele define as características e a qualidade da uva. Para o Novo Mundo, não passa de uma desculpa barata para justificar um mau vinho. A verdade está em algum lugar entre esses dois extremos.

As influências geográficas e climáticas são inegáveis. Vinhos cultivados em altitudes mais altas tendem a ser mais adstringentes que os cultivados em baixas altitudes, enquanto vinhos produzidos em microclimas ensolarados são mais maduros do que os que não recebem o sol do meio-dia. Tire a variedade da uva e os sabores que podem ser atribuídos ao produtor e o que fica é a personalidade do *terroir.*

O impacto do solo no resultado final de um vinho

é uma coisa controversa, mas, para os produtores do Velho Mundo, talvez seja o aspecto mais importante de um *terroir*. Podem ser partículas do solo, talvez um traço de sílex, de ardósia ou de lava vulcânica – nuances difíceis de identificar, mas que, em geral, são classificadas de "mineralidades".

Não há demonstração científica que explique como o meio ambiente marca presença em um vinho, mas é fato que o Riesling produzido nos vinhedos dos solos de ardósia no vale do rio Mosel, na Alemanha, tem mais do que um leve sabor mineral.

Mas e se não for possível sentir o sabor do solo? Existem *terroirs* que não têm mesmo muita personalidade – e isso pode não ser um problema, desde que o preço do vinho esteja de acordo. O preocupante é quando o produtor não consegue transferir a característica do solo à garrafa, por descuido na produção.

Carvalho demais é, em geral, um dos grandes culpados, assim como a ênfase na alta produtividade. Não existe mágica – quanto mais uvas uma parreira produzir, mais fraco será o sabor do vinho. Há ainda um outro fator a ser considerado: uma dieta pobre em nutrientes. Se uma parreira obtém seus minerais essenciais de fertilizantes e sua água vem de um tubo de irrigação, o solo é mesmo quase irrelevante.

A região da Borgonha é um bom campo de testes para identificar os baixos e os altos de um *terroir*, pois é sede de centenas de vinhedos, cada um com sua peculiaridade.

Nas boas adegas, as nuances dos diferentes *terroirs* brilham por meio dos vinhos ali produzidos. Nas adegas de qualidade duvidosa, só nos resta imaginar como alguém tem a ousadia de cobrar caro por um vinho com sabor exagerado de madeira, desestruturado e sem personalidade.

CINCO

COMO FUNCIONA UMA VINÍCOLA

As uvas são a base do processo de produção de uma vinícola; as garrafas de vinho estão na outra ponta. Vamos ver o que acontece entre essas duas fases – os vinhos tintos em primeiro lugar.

ESMAGAMENTO/RETIRADA DAS FRUTAS – Os caules das videiras podem conter taninos ásperos e óleos amargos. Por isso, as uvas são normalmente colocadas em uma máquina que remove os caules e promove um leve esmagamento para a retirada da casca.

FERMENTAÇÃO – Os tanques de fermentação podem ser pequenos barris de madeira ou enormes tanques de aço inoxidável. Na fermentação, as leveduras agem no açúcar para produzir álcool e CO_2. Idealmente, o açúcar vem do sumo da uva, mas nos países de clima mais frio não é incomum adicionar uma dose extra para reforçar o nível alcoólico. A levedura, normalmente, vem pronta, apesar de alguns vinicultores preferirem deixar que os fungos que se encontram no ar e nas cascas das uvas façam o serviço – é arriscado, mas pode resultar em vinhos com mais personalidade. A fermentação produz muito calor, portanto o recipiente pode precisar de um sistema de refrigeração. O fermento deve estar quente o suficiente para que se consiga extrair todos os sabores, mas não tão quente que as leveduras não possam agir. Quanto mais frio o fermento, mais lento é seu processo. Então o CO_2 faz com que as cascas e sementes flutuem, formando uma cobertura compacta, chamada "chapéu" ou "manta", que deve ser misturada ao líquido para lhe dar cor e tanino, o que é feito bombeando o líquido do fundo do tanque para cima.

MACERAÇÃO – Terminada a fermentação, o mosto, como é chamado esse líquido, é muitas vezes deixado em contato com a "manta" por até três semanas para extrair ainda mais sabor e cor. É como fazer chá: quanto mais tempo ele ficar encharcado, mais forte fica.

PRENSAGEM – O mosto é drenado e as cascas de uva são transferidas para uma prensa e esmagadas para fazer o vinho de prensa, um vinho inferior também utilizado na produção de bagaceiras e conhaques.

MATURAÇÃO – Merece seu próprio capítulo: veja a próxima seção.

Com o vinho branco, algumas etapas da vinificação são diferentes. Para começar, é preciso separar suco e cascas logo após o esmagamento, já que o contato excessivo pode provocar um sabor amargo (apesar de, em pequena quantidade, acrescentar personalidade). Daí em diante, o passo-a-passo é o mesmo do vinho tinto – com exceção da temperatura da fermentação, mais baixa que no tinto. Depois disso tudo, a hora da maturação...

SEIS

COMO OS VINHOS JOVENS SE TORNAM ADULTOS MAIS MADUROS E INTERESSANTES

Muitas vinícolas engarrafam e distribuem o vinho que produzem o mais rápido possível. O ideal é que ele fique por algum tempo no tanque para que todos os resíduos sólidos decantem. Não vale a pena acelerar o processo, pois isso torna os vinhos menos concentrados.

A filtragem pode ser utilizada para remover outras partículas indesejáveis. Por outro lado, a filtração excessiva pode diluir o sabor. E o que acontece quando os vinhos não são engarrafados imediatamente? Alguns permanecem nos tanques, junto com os sedimentos, para apurar seu sabor. Os tanques devem ser mantidos resfriados para que o vinho não envelheça rápido demais. Mas muitos vinhos são armazenados em barris de carvalho para sua maturação. Isso tem dois efeitos principais sobre o vinho.

Primeiro, o sabor. Quanto mais novo e menor o barril, maior sua influência no gosto e no aroma do vinho. Coco, baunilha, cravo-da-índia e pão torrado são os sabores mais comuns relacionados ao processo de maturação em barris de carvalho.

O segundo efeito é mais sutil. Um barril não é 100% estanque e isso permite que o vinho "respire" através dos poros da madeira. Com isso, os sabores perdem intensidade, a cor fica mais estável e o vinho torna-se mais suave e interessante. O tempo de envelhecimento depende do tipo da uva e do produtor. Alguns brancos, especialmente os Chardonnays, são fermentados em barris de carvalho.

Os quatro componentes que provocam o processo de envelhecimento são a acidez, o tanino, o açúcar e o álcool. Sem acidez suficiente, um vinho será enfadonho e sem vida, especialmente quando envelhecer. A acidez é o que torna um vinho refrescante, além de agir como um agente antibacteriano.

O tanino é outro agente profilático. Ele se deve à presença das cascas e das sementes da uva no processo de fermentação, de modo que os tintos têm mais taninos que os brancos. Os taninos se agrupam e se precipitam à medida que o vinho envelhece – daí a ocorrência de sedimentos em garrafas mais velhas.

Doçura e acidez são os dois extremos de uma gangorra. Quando se adiciona açúcar ao vinho, ele se torna viscoso e enjoativo. É preciso suavizar a mistura. Quanto ao álcool, se não houver sabor, ou se o sabor for horrível, nem todo o tempo do mundo na garrafa fará diferença.

Finalmente, a maioria dos vinhos tintos passa pela chamada fermentação maloláctica, processo que envolve a conversão do ácido málico (encontrado nas maçãs e em outras frutas e muito usado como agente quelante, acidulante e aromatizante) em ácido lático, tornando os vinhos mais suaves.

Nos vinhos brancos, a fermentação maloláctica é feita normalmente no final da fermentação para acrescentar certa riqueza untuosa, mas não é recomendada para os produtores das regiões mais quentes, cujo vinho já é naturalmente suave, e para algumas variedades, como a Riesling, que não se adaptam à fermentação maloláctica nem ao envelhecimento em barris de carvalho.

SETE

VINHO ORGÂNICO

A diferença do viticultor orgânico para o tradicional está no modo de tratar o meio ambiente. Nosso herói verde foge dos fertilizantes artificiais, dos herbicidas e dos fungicidas que os outros produtores usam com prodigalidade em seus vinhedos. Ele prefere deixar a natureza seguir seu curso, ajudando-a de vez em quando com um carregamento de estrume de ovelhas, de vacas ou de galinhas.

Nos países em que o sol brilha e não chove muito, isso é relativamente fácil. Em climas mais frios e chuvosos, onde a umidade facilita o crescimento de fungos, o desafio é maior, apesar de não ser impossível.

Para que um vinho seja rotulado como orgânico, ele precisa atender as normas não apenas na plantação, mas também durante o processo de produção do vinho. Alguns aditivos são permitidos, outros não. O enxofre, por exemplo, que é considerado o desinfetante do viticultor, é permitido somente em pequenas doses.

O vinho orgânico é, com certeza, melhor para o meio ambiente e para a saúde, mas não é, necessariamente, um vinho de qualidade. Há vinhos orgânicos bons e ruins; sua qualidade depende mais do produtor do que do fato de ser orgânico.

O QUE FAZER E AONDE IR PARA DESCOBRIR MAIS SOBRE O ASSUNTO

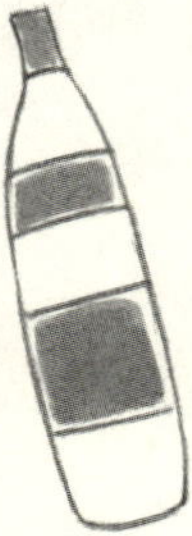

OITO

COMO IDENTIFICAR UMA BOA LOJA DE VINHOS

DEZ MANEIRAS DE DIFERENCIAR O BOM, O MAU E O PÉSSIMO

O ESTOQUE É RENOVADO REGULARMENTE? Já se foi a época em que negociantes de vinho atualizavam seu estoque uma ou duas vezes por ano. Os melhores, agora, mantêm estoques pequenos e recebem novidades todos os meses, algumas vezes todas as semanas.

OS VINHOS À VENDA SÃO DE DIFERENTES PRODUTORES? Se os vinhos da Borgonha, do Rhône e do sul da França levam o nome do mesmo produtor, não há dúvida: alguém está sendo preguiçoso em seus hábitos de compra.

VOCÊ ESTÁ VENDO SEMPRE AS MESMAS MARCAS NAS PRATELEIRAS? Não há nada de errado em encontrar uma ou outra garrafa nas prateleiras dos supermercados. Mas se os mesmos rótulos se repetem nas lojas especializadas, é porque alguém não está sendo tão cuidadoso quanto deveria.

VOCÊ ACHA QUE ESTÁ PAGANDO UM PREÇO JUSTO OU SENTE QUE ESTÁ SENDO ENGANADO? Será que aquele rótulo estranho é somente uma desculpa para o negociante inflar o preço de um vinho medíocre? O único jeito de ter certeza é provando.

OS COMERCIANTES ESPECIALIZADOS SÃO MELHORES? Você prefere comprar com alguém que conhece profundamente o que está vendendo ou não se importa de recorrer aos supermercados?

O ESTOQUE PARECE SER SEMPRE O MESMO? As melhores lojas devem ter uma rotatividade de produtos razoavelmente rápida. Qualquer coisa que se mova mais lentamente do que o esperado deve terminar nas ofertas da semana.

QUANDO VOCÊ FAZ UMA PERGUNTA AOS VENDEDORES, SENTE SEGURANÇA NA RESPOSTA? Ou eles simplesmente pegam a garrafa e lêem o que está no verso?

VOCÊ ACHA QUE OS VENDEDORES TENTAM "EMPURRAR" OS VINHOS MAIS CAROS? Um negociante honesto estará tão orgulhoso de sua seleção de vinhos mais baratos quanto de suas garrafas mais caras. Claro que ele quer que você gaste tanto quanto possível, mas os profissionais honestos estarão muito mais interessados em estabelecer um relacionamento de longo prazo do que em fazê-lo gastar muito somente uma vez.

O ARMAZENAMENTO E A EXPOSIÇÃO DOS VINHOS PARECEM ADEQUADOS? Ou será que a temperatura no interior da loja se alterna como um ioiô enquanto o vinho cozinha lentamente sob luzes fluorescentes?

ELES OFERECEM DEGUSTAÇÕES REGULARES PARA OS CLIENTES? Será que o comerciante tem confiança suficiente em suas seleções para deixar que você prove antes de comprar? Se a resposta é não, qual é a razão?

NOVE

COMO DESCOBRIR UM CRÍTICO DE VINHOS COM A MELHOR DAS INTENÇÕES

Um especialista em vinhos deve, ao mesmo tempo, entreter e ensinar. Em seus artigos e críticas, ele deve fazer com que você sinta vontade de pegar um copo e provar, de sair correndo e comprar uma dúzia de garrafas ou de pegar um avião para visitar aquele vinhedo rodeado de plantações de oliveiras e banhado pelo sol o dia inteiro.

Mas quantos colunistas de jornais e revistas se adequam a essa descrição? Poucos. O que vemos são artigos que não passam de uma lista de compras de vinhos baratos e disponíveis em qualquer lugar. Às vezes, a culpa não é de quem assina a reportagem, mas de editores com uma visão limitada sobre vinho que cortam tudo o que lhes pareça vagamente esotérico.

Uma boa coluna sobre vinhos deve ter um tom sutilmente evangelizador, voltado para o que a maioria das pessoas tem acesso, mas também precisa tirar as pessoas de sua zona de conforto e levá-las a territórios inexplorados.

Veja como descobrir se o crítico é bem-intencionado:

- Quando são citados os mesmos produtores e varejistas de sempre. Isso faz pensar: será que a recomendação é mesmo imparcial?
- Quando você precisa ser um Ph.D. em enologia para entender o que está escrito. Um termo técnico aqui e ali não compromete o entendimento, especialmente quando você inclui alguma explicação ou um exemplo. Uma coluna cheia de jargões afasta os leigos.
- Quando o colunista nunca recomenda vinhos caros. Tudo bem que o orçamento só permite um carro 1.0, mas ninguém tem nada contra ler sobre Lamborghinis e Porsches de vez em quando.
- Quando o colunista faz afirmações estranhas. Um Valpolicella de preço razoável pode muito bem encarar, em igualdade de condições, vinhos duas ou três vezes mais caros. Daí a levar os leitores a acreditar que se trata do melhor Valpolicella de todos os tempos já é um pouco demais.
- Quando as sugestões de vinhos nunca são do seu agrado. É normal discordar de vez em quando, mas se nenhuma sugestão ou recomendação o atrai, o jeito é procurar outro colunista.

DEZ

OS PONTOS POSITIVOS E NEGATIVOS DOS CONCURSOS E COMPETIÇÕES DE VINHOS

A idéia de concursos é boa, especialmente para os fabricantes. Afinal, as vendas saltam quando algum vinho é premiado e o custo disso é irrisório – algumas garrafas para a degustação dos críticos e a taxa de adesão, que não é barata mas, com certeza, é menor do que uma campanha publicitária tradicional.

Os concursos oferecem ainda uma outra vantagem, além do estímulo aos novos talentos e da promoção do tema junto ao grande público: a igualdade de condições entre o vinho de uma pequena vinícola e o de uma multinacional em que a expressão "edição limitada" significa que aquele vinho está disponível "apenas" em 12 países.

A razão dessa roleta-russa é simples. O vinho, assim como a arte e a literatura, não é uma ciência exata, de modo que não há definição para "o melhor vinho do mundo". Os jurados sabem disso e, claro, partem para a subjetividade ou se deixam impressionar pelos modismos.

Faça um teste: coloque a mesma seleção de vinhos diante de dois júris diferentes, ou diante do mesmo só que em dias diferentes, e observe os resultados. Os vinhos que tendem a se dar bem em competições são os mais "pesados". Pode anotar: entre 60 Chardonnays, os mais doces, maduros e/ou amadeirados vão receber as melhores notas, enquanto os mais sutis e brilhantes no estilo passam despercebidos.

Mesmo provadores experientes podem ser seduzidos por vinhos ousados e de sabor agressivo. O problema é que nem sempre eles são bons de se beber. Coloque alguns desses campeões junto com uma refeição e eles não terão um grande desempenho. Ou o carvalho sobressai demais ou a uva ultramadura se sobrepõe a qualquer sutileza do alimento, enquanto o álcool produz uma sensação de queimação na boca. Nem tente terminar a garrafa – um único copo já é sofrimento suficiente.

Nesse embate, infelizmente, quem sai perdendo são os vinhos sutis (e controversos). Basta um jurado criticá-los para que acabem com uma medalha de bronze em vez de uma de ouro. O resultado é que seus produtores ficam menos inclinados a participar de competições. Como os donos de vinícolas muito reconhecidas também não têm interesse nesse tipo de exposição, os concursos acabam afastando os melhores competidores em vez de atraí-los.

Mas não dá para esquecer os benefícios trazidos aos consumidores. Para quem não tem muito conhecimento sobre o assunto e está em dúvida entre duas garrafas com preços parecidos, escolher a que foi premiada é uma decisão inteligente.

ONZE

OS MELHORES LIVROS SOBRE VINHO

Montando sua biblioteca sobre vinhos? Eis algumas sugestões ainda sem tradução no Brasil:

Oxford Companion to Wine, editado por Jancis Robinson. Pesado em tamanho e em conteúdo, inigualável como livro de referência, cobrindo variedades de uvas, regiões vinícolas, a viticultura e muito mais.

The New Sotheby's Wine Encyclopaedia, de Tom Stevenson. Outro volume de excelente qualidade e abrangência. Traz mapas, ilustrações e recomendações de produtores. Muitos o consideram uma leitura mais fácil.

The World Atlas of Wine, de Hugh Johnson e Jancis Robinson. Erudito e com mapas atualizados.

Grapes & Wines, de Oz Clarke e Margaret Rand. Guia de todas as principais variedades de uvas, assim como uma excelente seção sobre viticultura moderna.

Burgundy, de Anthony Hanson. Não há crítica de

qualquer região vinícola que esse livro divertido, cheio de opinião e bem escrito, não faça melhor.

Parker's Wine Buyer's Guide, Robert M. Parker Jr. Uma coleção de perfis e comentários sobre degustações feitas pelo enólogo mais influente do mundo.

Os favoritos em português:

Em volta do vinho, de Renato Machado. Seleção atualizada das melhores colunas publicadas pelo repórter no jornal *O Globo*, nos últimos seis anos, com suas memórias, impressões e informações úteis sobre o mundo do vinho.

Guia de vinhos Larousse, do sommelier Manoel Beato. Essencial para quem quer aprender ou ampliar seus conhecimentos sobre a seleção e a degustação dos melhores vinhos do mundo.

Guia ilustrado Zahar – Vinhos do mundo todo. Adaptado pelo especialista Paulo Nicolay, o guia contextualiza o vinho histórica e culturalmente, mostra os principais países produtores e apresenta análises detalhadas sobre características e sabores de centenas de vinhos, as melhores safras e produtores.

Vinho branco, o prazer é todo seu / Vinho tinto, o prazer é todo seu, de Sérgio Inglez de Souza. Para quem está começando a apreciar vinhos e que não sabe avaliar a bebida. Ao final do livro, um modelo de ficha de degustação para que o leitor se inicie nessa aventura.

Vinhos, o essencial, de José Ivan Santos. Um roteiro para qualquer pessoa saber exatamente o que apreciar no vinho branco e como anotar suas impressões nas 100 fichas de degustação que fazem parte do livro.

Vinho sem segredos, de Patrício Tapias. Esse livro aborda aspectos fundamentais do vinho, desde o vinhedo até sua guarda, passando pelos tipos de uvas, estilos de vinificação e dando também algumas pinceladas sobre culinária e sua relação com o vinho, assim como os principais aspectos da degustação e do serviço.

Tintos e brancos, de Saul Galvão. Uma fascinante viagem pelos maiores países produtores de vinhos do planeta, com destaque para a crescente participação do Chile, da Argentina, do Uruguai e do Brasil.

DOZE

O MUNDO DO VINHO NA INTERNET

Falar sobre vinho não é o mesmo que bebê-lo, mas para muitos não deixa de ser uma experiência agradável. Por isso, digite a palavra "vinho" em sua ferramenta de busca favorita e ela encontrará literalmente milhões de sites. Se você digitar "wine", elimine todas as páginas que falam do conjunto de ferramentas de implementação do Windows em Unix e vá direto ao que interessa. Não sabe bem por onde começar? O.k. Veja algumas dicas para você navegar em sites em inglês e em português:

Para ficar atualizado sobre o universo do vinho, merecem ser visitados www.winebusiness.com/news, www.vintners.com (clique em "industry news") e www.winespectator.com.

Há incontáveis fóruns e grupos de discussão na rede: www.wineloverspage.com, o boletim de Marks Squire no www.erobertparker.com e o fórum de Tom Cannavan no www.winepages.com.

Se você estiver tentando descobrir um vinho específico ou quiser comprar uma garrafa da safra do ano em que nasceu, digite www.wine-searcher.com.

Para saber tudo sobre as 36 vinícolas brasileiras, inclusive política e legislação específica, além de dicas de gastronomia, notícias e links interessantes, visite o site www.sitedovinhobrasileiro.com.br.

Já o da Associação Brasileira de Sommeliers (www.abs-sp.com.br) apresenta o calendário de degustações e cursos oferecidos pelos associados. O site www.sommelier.com.br fala sobre as safras em todo o mundo, traz fóruns para quem é amante de vinho e dicas de degustação. O www.notasdedegustação.com.br segue a pontuação popularizada pelo crítico Robert Parker.

A Academia do Vinho traz todas as informações sobre salões de vinho, blogs de confrarias, notícias, história, etc. Está em www.academiadovinho.com.br.

O www.vinhosevinhos.com oferece também colunas sobre gastronomia, enoturismo e um calendário de eventos relacionados ao vinho. A Estação do Vinho (www.estacaodovinho.com.br) apresenta uma seleção de mais de 1.000 rótulos e oferece a opção do Clube do Vinho, com descontos especiais e indicações para degustação temática de vinhos. O sommelier Manoel Beato dá suas sugestões de compra no site da Enoteca Fasano, www.enotecafasano.com.br.

TREZE

OS PRÓS E OS CONTRAS DAS CONFRARIAS E ASSOCIAÇÕES DE APRECIADORES DE VINHOS

Degustar e falar sobre vinhos com outras pessoas é um modo excelente de ampliar seu conhecimento, seu paladar e sua preferência em relação a vinhos. Como existem vários cursos e degustações sobre o assunto, oferecidos pelas associações, confrarias e importadores, encare a atividade como uma oportunidade para fazer novos amigos e para desfrutar a arte de bem viver, comer e beber.

Antigamente, o típico participante de uma aula sobre vinhos era o homem de 55 anos vestindo um suéter surrado, mas hoje a maioria dos grupos é mais cosmopolita. Há mais mulheres, inclusive.

O sucesso do grupo depende dos vinhos que forem degustados e do responsável por ele. Se for um negociante de vinhos ou uma associação de sommeliers, há chances de que você não tenha nenhum controle sobre a degustação; se não gostar, parta para algo diferente.

Uma saída é organizar suas próprias degustações. Vários negociantes oferecem kits de degustação, com informações sobre os vinhos e até a possibilidade de enviarem alguém para ajudar.

Os grupos bem-sucedidos falam muito. Estimule os tímidos e reprima os que têm muita opinião. Registre tudo o que você já provou, de forma a tentar preencher as lacunas quando estiver planejando uma nova rodada de degustação. Como é possível que ainda não tenha feito uma degustação de Porto, Jerez ou de um vinho australiano? Que tal provar alguns vinhos caros para aprender a diferença?

QUATORZE

A FINA ARTE DA DEGUSTAÇÃO

Se você tiver sorte, terá vinícolas instaladas perto de sua casa. Se não, o jeito é programar uma visita à região produtora mais próxima. Veja como se comportar em uma situação desse tipo:

VISITAS GUIADAS – Algumas vinícolas oferecem programas de visitação, outras não. Se você aparecer em uma vinícola pequena sem avisar, não espere que seu proprietário o acompanhe em uma visita completa e lhe dedique duas horas de atenção.

SAIA JUSTA – Promover degustações para o grande público pode ser uma boa estratégia de relações públicas, mas custa caro e algumas vinícolas cobram uma taxa por isso. As que não cobram podem não reagir tão entusiasticamente se você sair de mãos vazias após meia dúzia de taças de vinho.

Não se sinta obrigado a comprar. O objetivo dos produtores é fazer com que você abra a carteira, mas vinho inferior é vinho inferior e será ainda pior quando você o levar para casa. Se você, de fato, não gostar do que provar, não compre.

Se pedirem sua opinião, seja sincero. Por que diria que amou o Chardonnay amadeirado se o vinho, na realidade, lhe dá náuseas? Uma crítica construtiva os estimulará a produzir mais e melhor.

Pegue sua prova e vá em frente. Não há nada mais aborrecido em uma vinícola do que as pessoas que se espalham pelo balcão e não deixam ninguém mais chegar perto dos vinhos.

EM BUSCA DE PRECIOSIDADES – Procure vinhos de edições limitadas ou de safras antigas que tenham se esgotado nas lojas. Freqüentemente, o único lugar em que você encontra coisas desse tipo é na adega do próprio fabricante.

PREÇO DE FÁBRICA – Você pensa que os vinhos podem ser mais baratos na vinícola do que nas lojas. E que isso é especialmente verdade logo após sua produção. A realidade é bem diferente. Nas lojas das vinícolas, eles podem ser até mesmo mais caros.

BEBER E DIRIGIR, JAMAIS – Mesmo se você estiver agindo

como um profissional, ou seja, provando e cuspindo todas as provas dos vinhos, um pouco sempre acaba descendo pela garganta. Para evitar riscos desnecessários, tenha um motorista sóbrio por perto.

ESTOQUE PESSOAL – Você comprou três garrafas na primeira vinícola, quatro na segunda, uma na terceira... Tudo bem, se você estiver prestes a dirigir de volta para casa. Se não for o caso, como é que você vai carregá-las no avião?

DANDO UMA DE ENÓFILO AMADOR

QUINZE

UM COPO PARA CADA TIPO DE VINHO

Taças de cristal em formatos diferentes para cada tipo de vinho são parte fundamental do ritual. Truque de marketing? Nada disso. Os vinhos, de fato, têm o gosto alterado quando bebidos em copos inadequados – experimente e veja como no copo "certo" o sabor do vinho é significativamente melhor do que no "errado".

Mas não é preciso gastar uma fortuna para comprar copos de cristal, 100% transparentes e nos formatos mais adequados de acordo com o tipo de vinho. Você pode muito bem abastecer os armários com alguns modelos básicos.

Os fabricantes internacionais mais conhecidos são a austríaca Riedel e a alemã Spiegelau, que assinam uma enorme coleção de taças lindas, caras e frágeis. Mas há muitas marcas nacionais de ótima qualidade que não fazem feio quando comparadas com os modelos importados.

Veja as dicas para ter prazer ao tomar um vinho no dia-a-dia.

- Não se deve encher mais do que a metade do copo de vinho.
- O copo deve se fechar em direção à borda. Pense no formato de uma ferradura ou de um "U" maiúsculo com as bordas superiores levemente apertadas.
- A haste deve ser suficientemente longa para que você possa segurar o copo sem tocar o recipiente. As mãos aquecem o vinho e deixam marcas de dedos.
- As taças devem ser lisas. Quem herdou da bisavó um conjunto de copo de cristal lapidado no estilo bico-de-jaca deve guardá-lo para tomar um licor.
- O copo de degustação (conhecido como ISO) é uma opção versátil, pois se adapta a todas as ocasiões, sempre intensificando e ressaltando as características de qualquer tipo de vinho.

Copos especiais para vinho do Porto e Jerez? Não precisa. Você pode querer usar alguns copos mais altos (*flûtes*) para o champagne – as bolhas duram mais e ficam bonitas neles –, mas até mesmo as bebidas borbulhantes podem ser tomadas sem problemas em copos normais.

DEZESSEIS

TUDO SOBRE SACA-ROLHAS, CORTADORES DE CÁPSULAS, *COOLERS*, ETC.

"Precisar" talvez não seja bem a expressão correta, mas a verdade é que existem várias engenhocas que parecem ser fundamentais para quem aprecia um bom vinho.

O saca-rolha, por exemplo, é um instrumento de primeira necessidade. Mesmo com o aumento dos vinhos com tampas de rosca, todo mundo deveria ter um. A escolha do modelo depende do uso. Se dinheiro não for problema, escolha um com o mecanismo de "contra-rosca", que permite que se continue a girar o cabo depois que a hélice penetra na rolha até o final, de modo que a rolha suba e saia. Existem várias marcas, com preços e designs diferentes, mas, no Brasil, uma das mais conhecidas é a Screwpull – Le Creuset.

Muitos fabricantes produzem modelos similares por uma pequena fração do seu preço. Se possível, peça um teste antes de comprar. Alguns funcionam bem, outros não. O saca-rolha mais comum é o modelo em T, apelidado de "bate-coxa", porque exige tanto esforço que as pessoas acabam segurando a garrafa entre as pernas para puxar a rolha.

O modelo de alavanca única, também chamado de "amigo do garçom", é, em geral, muito eficiente e não exige força, mas alguns fabricantes deixam a haste muito curta e isso dificulta a extração da rolha. A haste adequada precisa ter as voltas da espiral largas e, de preferência, revestidas de teflon.

Há acessórios, porém, que caem na categoria do "não essencial, mas desejável". É o caso do cortador de cápsula das garrafas. É claro que você pode utilizar uma faca para remover a cápsula, mas um cortador específico faz o serviço muito melhor. É comum que eles venham como acessório na caixa dos saca-rolhas mais sofisticados.

Cintas térmicas (*coolers*) também são objetos úteis/fúteis. Tudo bem, elas resfriam a garrafa de vinho rapidamente e são muito mais eficientes do que enfiar a garrafa no freezer e esperar. Mas que estão longe de ser fundamentais, isso é verdade.

Para preservar o vinho que foi aberto e não consumido totalmente existem tampões especiais que bombeiam o ar da garrafa e deixam o vinho protegido por vácuo. Pelo menos, essa é a teoria. Há quem seja fã e quem critique. Se eu tiver uma garrafa pela metade, simplesmente a tampo com a rolha e a coloco na geladeira – mesmo que seja um tinto. Minha experiência mostra que isso funciona tão bem quanto a bomba de vácuo que retira o ar da garrafa para preservar o sabor do vinho.

Quanto ao resto da parafernália – termômetros, aparadores de gotas, funis, aeradores, etc. –, vamos ser sinceros: você não precisa disso. Gaste seu dinheiro com vinho.

DEZESSETE

ROLHA DE CORTIÇA OU SINTÉTICA?

O sobreiro é a árvore da qual se extrai a cortiça. Cultivado em Portugal, na Espanha e no norte da África, ele dura mais de 100 anos, mas só permite a primeira colheita ao completar 25 anos. Nessa época, sua casca é arrancada, estocada por seis meses e depois fervida por uma hora e meia. Na seqüência, a cortiça descansa por mais três semanas e só então as peças cilíndricas que formam as rolhas são cortadas.

O ritmo lento de colheita – é preciso esperar de nove a dez anos para que a casca cresça novamente e você possa fazer outro descortiçamento – e o aumento da produção de vinhos em todo o mundo acabaram levando ao surgimento de diferentes formas de selagem do vinho.

Mas foram a insatisfação com a qualidade das rolhas (o índice de falhas é em torno de 5%) e os problemas de contaminação do vinho que aceleraram o desenvolvimento de novas tecnologias de selagem.

Você, provavelmente, já sentiu um cheiro de umidade quando abriu uma garrafa de vinho. É sinal de que ele foi afetado por um mofo que cresce na rolha durante sua produção. Uma garrafa em 20 acaba apresentando algum grau de contaminação e isso pode estragar o vinho ou diminuir seu aroma e sabor.

Veja as alternativas que estão sendo usadas para substituir a rolha:

A ROLHA SINTÉTICA – Ela é uma boa opção, mas apresenta alguns pontos fracos. É difícil tirá-la da garrafa e recolocá-la (se sobrar vinho, é claro), não é biodegradável e ainda precisa demonstrar sua eficiência quando armazenada por muito tempo.

A TAMPA DE ROSCA – Barata e fácil de descartar, já demonstrou sua capacidade de preservar o vinho por 20 anos ou mais. Vários produtores do Novo Mundo já adotaram as tampas de rosca. Você pode não ter o "pop" da cortiça, mas também não se deparará com vinho estragado.

DEZOITO

ORGANIZANDO SUA PRÓPRIA DEGUSTAÇÃO

Se você beber vinho em um ritmo de três garrafas por semana, terá provado, em um ano, a quantia impressionante de 156 garrafas – número admirável, de fato, mas pequeno se comparado à enorme variedade oferecida.

Como há novidades chegando o tempo todo, você nunca poderá realmente dizer quais são os melhores nas prateleiras – a menos que tenha o fígado de um elefante, o que não é provável. Uma abordagem mais eficiente é seguir as recomendações dos enólogos, sempre atualizados em relação aos movimentos do mercado.

E se você organizar sua própria degustação? Parece um pouco pretensioso? Tanto quanto ter seu próprio equipamento de musculação em casa. Quanto mais você experimentar novos vinhos, menos chance tem de ser enrolado quando for às compras.

Então, mãos à obra! Do que você precisa para começar? Pouca coisa: algumas garrafas de vinho, um saca-rolha, copos (um para cada tipo de vinho ou o copo de degustação ISO, que é universal), um recipiente para cuspir o vinho (um balde ou a pia da cozinha servem) e caneta e papel para anotar qualquer coisa que tiver vontade.

Para tornar a situação mais interessante, chame alguns amigos para se juntarem a você – não somente você se divertirá mais como poderá dividir os custos para comprar o vinho.

A seriedade da experiência depende de seus objetivos. Você pode querer ver quem faz a descrição mais extravagante de um vinho ou simplesmente saber qual foi o favorito de cada um. Se seus amigos não sabem nada sobre vinho, a não ser que se trata de uma bebida que "faz você ficar alto", essa pode ser a oportunidade para introduzi-los no bê-á-bá do vinho.

Não estou dizendo que você deve abrir suas melhores garrafas, mas tente levar seus convidados um ou dois passos adiante do que estão acostumados. Se o que eles costumam beber é um vinho barato e adocicado, ofereça-lhes opções de preço médio e não as apresente com espalhafato, dando detalhes de tudo (a uva, a vinícola, o *terroir*, etc.).

Os apaixonados por vinho cometem muito esse erro, mas a verdade é que nem todo mundo se interessa tão profundamente pelo assunto. Coloque a garrafa na mesa e deixe que todos a saboreiem, educadamente ignorando os que adicionam um gole grande de refrigerante a seus copos.

DEZENOVE

DEGUSTAÇÃO COMPARATIVA

O modo mais convincente de demonstrar que nem todos os vinhos são iguais, como muita gente alega, é promover uma degustação comparativa. Um nome complicado para o simples ato de provar uma série de vinhos e definir suas diferenças.

Há concursos ou exposições que reúnem 100 garrafas de vinho para serem analisadas – mas isso é tarefa para um profissional. Comece devagar, com três garrafas. Essa é uma boa quantidade para iniciar sua aventura pelo mundo da degustação.

Quanto ao tipo de vinho ideal para uma estréia desse tipo, saiba que não há regras. Mas sem dúvida é mais didático se você adotar temas para a degustação, que pode ser do tipo vertical ou horizontal.

Na degustação vertical, a idéia é avaliar o mesmo vinho em safras diferentes – o que por si só é um desafio, já que a maioria das lojas trabalha com as mesmas safras. Se você encontrar algumas garrafas mais antigas e achar que elas foram bem armazenadas, vale a pena tentar.

Já a degustação horizontal reúne vários vinhos semelhantes de uma mesma safra. Aqui vão algumas sugestões de como organizar uma degustação:

POR PREÇO – Será que pagando mais você consegue coisa melhor? Por exemplo, vinhos de uma mesma região e da mesma cepa de uva, mas a preços diferentes: baixo, médio e alto, por exemplo. Melhor ainda se eles vierem do mesmo produtor. Comece com o Cabernet Sauvignon da Argentina.

POR TIPO DE UVA – Será a variedade o tempero da vida? Escolha os vinhos na mesma faixa de preço, mas de diferentes variedades de uvas. Tente achar o mesmo produtor e/ou região, o que pode ser um desafio. Por exemplo, Pinotage fora da África do Sul e Zinfandel fora da Califórnia são uvas difíceis de se encontrar. Vá de Cabernet, Merlot e Carmenère do Chile.

POR REGIÃO GEOGRÁFICA – Degustando vinhos do mundo todo. A uva e o preço são similares; a variável dessa vez é o local de origem. Comece com… um Sauvignon Blanc do Chile, da França, da Nova Zelândia e da África do Sul.

VINTE

POR QUE DEGUSTAÇÕES ÀS CEGAS SÃO TÃO IMPORTANTES

Uma rápida olhada no rótulo pode ter um efeito surpreendentemente positivo ou negativo em sua opinião sobre um vinho. Pode até ser que você nunca tenha provado aquele vinho antes, mas outro do mesmo produtor, da mesma região ou da mesma variedade de uvas.

Os amantes de Chardonnays preferirão qualquer vinho que tenha esse nome no rótulo, não importa quão horrível seja. Do mesmo modo, se algumas pessoas receberem uma taça de vinho alemão, elas vão, automaticamente, derramá-la no vaso de plantas mais próximo.

É por isso que, se você quiser levar a degustação a sério, deve fazê-la às cegas. Não vendado nem tão bêbado que não enxergue, mas sem saber qual vinho está provando, de modo a manter a mente aberta sobre o objeto da degustação.

Para esconder as identidades dos vinhos, o ideal é que outra pessoa encha os copos (crie um método de identificação para saber que vinho está em cada copo). Se não for possível, numere cada garrafa e coloque uma pequena etiqueta com o mesmo número debaixo de cada copo e misture os copos, de modo a confundir.

Outra técnica é esconder as garrafas em sacolas plásticas, amarrando-as pelo gargalo. Misture-as, tire-as da ordem e comece a degustar.

VINTE E UM

COMO PROVAR (E CUSPIR) COMO UM PROFISSIONAL

O passo-a-passo de cada fase da degustação:

OBSERVAR – Além de poder detectar qualquer resíduo, você pode tirar algumas conclusões sobre o vinho apenas por sua cor, que deve ser límpida e brilhante, sem sedimentos.

IDADE – Tintos jovens tendem a ter uma cor vermelha brilhante ou rubi, enquanto os mais velhos podem ter reflexos acastanhados. Os brancos jovens são pálidos em comparação aos mais velhos, geralmente dourados.

CONCENTRAÇÃO – Em geral, quanto mais concentrado o sabor, mais escura a cor, mas algumas variedades têm sua cor simplesmente mais concentrada do que outras. Um Shiraz ou um Malbec jovem podem ser quase pretos, enquanto um Pinot Noir ou um Nebbiolo caem na categoria do "pálido e interessante".

TEOR ALCOÓLICO – Quando você faz um movimento giratório com o copo (é por isso que só o enchemos até 1/3 ou pela metade), com que rapidez as últimas gotas de vinho (chamadas de "lágrimas" ou "pernas") escorrem em direção ao fundo? Quanto mais lentamente, mais forte é o vinho.

CHEIRAR – Nariz e boca são parceiros fundamentais, mas a maioria dos receptores de paladar se encontra no nariz, e não na boca. Por isso, faça um movimento de rotação com seu copo e dê uma boa cheirada. O que consegue perceber? Nada? Tente novamente, mas, se ainda assim não sentir nada, não se preocupe. Alguns vinhos são vibrantes mas não têm cheiro nenhum no começo – precisam de um estímulo para revelar seu buquê.

BOCHECHAR – Dê um gole, mas não engula imediatamente. Lembre-se: a língua tem papilas gustativas em toda a superfície (o salgado é percebido na lateral, o doce, na ponta, o ácido, nas bordas superiores e o amargo, na parte posterior) – faça o vinho passear pela sua boca e dê uma chance a cada uma delas. Tente inspirar um pouco de ar fresco durante o processo para liberar ainda mais alguns sabores e aromas. Identifique a sensação do vinho em sua boca: suave ou áspero? Você sente alguma queimação que poderia indicar excesso de álcool?

ENGOLIR OU CUSPIR – Você obterá o mesmo prazer sensorial de qualquer jeito. A opção é sua.

PARAR – Por quanto tempo depois de ter engolido ou cuspido você ainda consegue sentir o gosto do vinho? Qual a intensidade do sabor residual, do retrogosto? Saiba que quanto mais longo e intenso, melhor o vinho.

VINTE E DOIS

MEMÓRIA DE SABORES E AROMAS

Mesmo que seu objetivo não seja dividir sua opinião com os outros, o ato de escrever comentários sobre degustações ajuda você a se concentrar na pergunta fundamental: "O que me atrai nesse vinho?"

Para respondê-la, só mesmo mergulhando no copo. Cheire o vinho e escreva o que pensa, tome um gole e repita o ritual. Reflita sobre o sabor residual e descreva as sensações que conseguir identificar.

Crie o hábito de escrever a primeira coisa que vier em sua mente. Pode ser algo estranho – "Tem o cheiro de roupa usada depois de um longo dia de trabalho" – ou uma sensação conhecida, como o cheiro de maçã, limão, e assim por diante.

Nossa memória de sabores e aromas é incrivelmente bem estocada, e é surpreendente descobrir como muitos vinhos remetem a aromas que estavam adormecidos há anos.

Você pode olhar o verso da garrafa para ver se o produtor colocou sua própria descrição ali. Não se surpreenda se você não se identificar com o que ele escreveu, pois as descrições dos rótulos atualmente são verdadeiras obras de ficção. Na dúvida, tome outro gole e descubra se pode detectar o que o produtor descreveu.

Releia suas observações sobre alguns vinhos e observe quais são suas preferências no que se refere a países e variedades de uvas. Sua descrição é útil para ajudá-lo a lembrar do gosto do vinho ou você achou que deveria ter sido escrito algo mais? Há emoções que se repetem e que podem ser abreviadas, como se fossem uma assinatura?

Se você for mordido pela febre do vinho, logo terá um banco de comentários bastante razoável. Para o que servem? Boa pergunta. A mesma questão se aplica à velha coleção de *Seleções (Reader's Digest)* que você mantém escondida no sótão. É você quem decide.

VINTE E TRÊS

O QUE SÃO OS VINHOS DE CORTE?

Bordeaux, Chianti, Rioja, Champagne, Porto – o que esses vinhos têm em comum? Eles são o resultado da misturas de três, cinco ou até 13 uvas diferentes (como o Chateauneuf du Pape).

Eventualmente, uma uva específica pode dominar – é o caso do italiano Chianti, em grande parte feito da cepa Sangiovese, enquanto o espanhol Rioja é à base de Tempranillo, embora existam outras variedades de apoio.

Qual é a razão disso? Se a Grenache é a melhor uva no Chateauneuf du Pape, por que os produtores não fazem um vinho 100% Grenache? Vamos falar de bifes... Se você estiver planejando fazê-los para o jantar, a atração principal é o corte de carne, grande, suculento, em seu ponto preferido. Mas e se houvesse apenas o bife e nada mais? Nada de cebolas douradas, molho de vinho tinto, nem sequer sal... não seria um pouco primitivo? O mesmo acontece com o vinho.

Algumas uvas, como a Riesling e a Pinot Noir, rendem melhor sozinhas, mas várias outras se beneficiam com pouca ou muita mistura.

As regulamentações legais em alguns países permitem que um vinho rotulado Cabernet Sauvignon tenha até 25% de outras uvas na mistura; vários produtores aproveitam plenamente essa oportunidade.

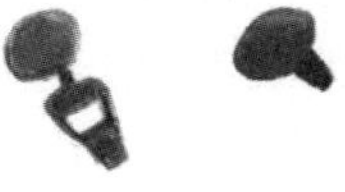

VINTE E QUATRO

CONVERSA DE EXPERT

Cheiro de tabaco, de grafite ou de pétalas de rosa. Você não precisa passar anos degustando vinhos para conseguir descrevê-los. Se quiser que as pessoas pensem que você é um expert no assunto, porém, tente incluir na conversa as seguintes expressões:

CARVALHO AMERICANO – Em oposição ao carvalho francês. Um vinho envelhecido em um barril de carvalho americano tende a ter um sabor mais doce, áspero, de baunilha, do que o que foi envelhecido em barris de carvalho francês.

BÂTONNAGE – Lembra-se dos sedimentos produzidos durante a fermentação? *Bâtonnage* é o ato de introduzir um grande remo ou algo semelhante em um tonel de vinho e agitar os resíduos. Sabor de aveia é quase sempre um sinal de que o *bâtonnage* foi feito com entusiasmo.

BOTRÍTIS – Um fungo que se desenvolve em ambientes úmidos, atrofiando as uvas e concentrando seus níveis de açúcar. Apesar da aparência de estragadas, as uvas contaminadas pelo que se chama de "podridão nobre" produzem alguns dos melhores vinhos suaves do mundo. Uma pequena quantidade de uvas "botritizadas" em um vinho seco pode torná-lo mais interessante. Procure identificar o sabor de damasco seco ou de abacaxi.

CHAPTALIZAÇÃO – É o processo de adição de açúcar às uvas, durante a fermentação, para aumentar o teor alcoólico. Quando feito cuidadosamente, ele não é notado, mas, se o vinho tiver um gosto "quente", que queima na boca, e, ao mesmo tempo, um sabor diluído, é porque foi excessivamente chaptalizado.

TOSTADO – Outro termo relacionado ao barril de envelhecimento. A madeira é aquecida para assumir a forma correta, um processo conhecido por "tostagem", que acrescenta certos sabores ao vinho. Quanto mais longa a exposição da madeira ao fogo, mais pronunciados os sabores de... (isso mesmo) tostagem.

MALOLÁCTICO – Já falamos disso antes no livro. Dá uma riqueza amanteigada ao vinho, mas, se malfeita, a manteiga pode ficar rançosa.

PH – Os estudantes de química sabem o que é. Falando em português claro, é a medida da acidez do vinho. Quanto mais alto o pH, mais baixa a acidez, e vice-versa. A maioria dos vinhos tem pH entre 2,9 e 3,5.

AÇÚCAR RESIDUAL – Qualquer açúcar não transformado em álcool durante o processo de fermentação. Vinhos suaves obviamente o têm em grande quantidade, mas o açúcar residual é muitas vezes utilizado para dissimular os defeitos em vários vinhos mais baratos e supostamente "secos".

TCA – A cortiça da rolha ou a madeira do barril são responsáveis pela substância química conhecida como 2,4,6 - trichloranisole, que provoca a contaminação do vinho por mofo, afetando a cor e o cheiro (de cachorro molhado, de porão úmido, etc.). O vinho contaminado (*corked*) fica intragável, mas é inofensivo para a saúde.

O PASSO-A-PASSO PARA MONTAR SUA ADEGA

VINTE E CINCO

O VINHO DEVE SER BEBIDO, NÃO REVERENCIADO

Algumas pessoas tratam suas adegas como retiros monásticos, locais onde se escapa do burburinho do mundo. Outras têm mais prazer em colecionar vinhos do que em bebê-los. Sua maior alegria é observar as caixas de vinhos em seu porão de teto arqueado (de preferência com uma ou duas teias de aranha para acrescentar uma atmosfera mais típica). Mas daí a comprar mais do que se vai beber... Será que é mesmo esse o caminho?

Para essas pessoas, o vinho não é uma bebida, mas uma chance de auto-afirmação. Por isso, exibem com orgulho sua enorme coleção de garrafas, e até nos deixam acariciar algumas das garrafas mágnum mais desejáveis – os colecionadores amam as garrafas maiores, de 1,5 litro. Mas, quando chega a hora da refeição, o que esses colecionadores oferecem aos visitantes? Um vinho barato e nada estimulante.

Não se comporte como o Tio Patinhas, comprando vinho que nunca terá tempo para beber. Se sua adega estiver cheia, convide alguns amigos para ajudá-lo a eliminar o excesso. O vinho foi feito para ser bebido, não para ser colecionado como se fosse um vaso de porcelana ou um selo.

Ter uma adega não significa necessariamente morar em uma mansão e ter rios de dinheiro. Nada disso. Foi-se o tempo em que adegas tinham espaço e capacidade para estocar várias safras de certos vinhos. Hoje em dia, se você quiser beber vinhos de qualidade com regularidade, terá que pagar a alguém para conservá-los (algumas lojas oferecem esse serviço) ou então estocá-los você mesmo.

Vinhos gostam de lugares escuros, ligeiramente úmidos, livres de tremores e com temperaturas frescas e razoavelmente constantes. Diante dessa realidade, elimine aquela estante de vinhos ao lado do aquecedor ou da lareira, a não ser que você queira que o seu vinho se transforme em um Madeira. Também não é possível guardar os vinhos no banheiro – é úmido – nem no sótão: quente no verão, frio no inverno.

Com um pouco de criatividade (e talvez isopor para isolamento), você não deve ter problemas em encontrar lugar para uma dúzia de garrafas até mesmo nas residências mais apertadas.

O apreciador de vinhos moderno é capaz de improvisar uma adega em qualquer lugar – no vão sob a escada, em caixotes na garagem, em uma prateleira no guarda-roupa ou até mesmo em uma mala debaixo da cama. O importante é ter um local onde as condições das antigas adegas possam ser reproduzidas.

Em relação ao modo como as garrafas devem ser estocadas, coloque-as em posição horizontal para manter as rolhas molhadas. As estantes do tipo colméia são práticas, mas não são essenciais. Você pode até guardar os vinhos nas próprias caixas de papelão, mas não esqueça: elas são frágeis e podem se desfazer em ambientes muito úmidos.

Por fim, se suas habilidades de bricolagem forem inexistentes e sua casa for um forno, a solução é usar uma pequena geladeira para guardar suas garrafas em condições ideais de temperatura. Basta ter cacife para isso.

VINTE E SEIS

SUGESTÕES PARA MONTAR UMA ADEGA BARATA

Você não precisa gastar uma fortuna para montar uma adega. Apesar de existirem poucos vinhos dentro do conceito de bom e barato, a oferta é grande quando você se dispõe a gastar um pouquinho mais.

Veja algumas idéias para nortear sua seleção. Sinta-se livre para acatar as sugestões ou para ignorá-las completamente.

TINTOS

Côtes du Rhône-Villages. Embora não sejam muito mais caros, os vinhos Village representam um salto de qualidade quando comparados aos básicos Côtes du Rhône. Simpáticos, herbáceos e baseados na uva Grenache.

Tintos do Languedoc. O sul da França é, hoje em dia, um local de muita atividade vinícola. Os ricos, frutados e aromáticos tintos feitos de Shiraz, Grenache, Mourvèdre e outras uvas têm grande valor. O

Coteaux du Languedoc é uma região privilegiada, sendo que os vinhos do *terroir* Pic St-Loup estão entre os melhores.

Cabernet chileno. Guarde os vinhos básicos para o cotidiano e prefira as reservas para sua adega. A essência suculenta do cassis, em geral, combina com o carvalho, deliciosa quando jovem, mas ainda melhor depois de envelhecer um ano ou dois na garrafa.

Shiraz australiano. Os vinhos mais jovens oferecem um sabor de frescor e amoras, enquanto os que passam algum tempo na adega antes de ir para a mesa ficam mais encorpados e substanciosos.

Malbec argentino. O importante é investir em rótulos na faixa intermediária de preço. A idade traz mais suavidade e toques picantes ao perfume de cassis e de amoras pretas.

BRANCOS

Riesling. Não importa a procedência, a maioria dos vinhos feitos com essa uva envelhece muito bem. Os que são produzidos na Nova Zelândia têm, ao mesmo tempo, um gosto cítrico e frutado, com um toque aromático e floral – além de serem bastante confiáveis.

Sémillon australiano. Envelhecido ou não em barris de carvalho, esse é um vinho que leva tempo para mostrar sua verdadeira beleza. A maioria desabrocha a partir de três anos, e alguns se conservam perfeitamente por até mais de 20 anos. Subestimado e por isso vendido a preços ótimos.

Borgonha. E Chablis, especialmente. O bom Borgonha branco torna-se rico e adquire sabor de nozes.

Chenin Blanc. Os bons vinhos do Coteaux du Layon e Vouvray, do vale do Loire, são cheios de vida e possuem sabor de maçã em sua juventude, transformando-se em um esplendoroso mel com a idade.

Champagne. Com o tempo, o Champagne fica melhor e mais agradável. Vale a pena guardar por um ano até mesmo as marcas mais básicas.

Porto vintage. O vinho do Porto de qualidade possui grande potencial de envelhecimento. Mesmo os tradicionais evoluem no interior da garrafa.

VINTE E SETE

POR QUE É MELHOR BEBER UM VINHO JOVEM DO QUE UM VELHO

"Tenho cinco garrafas de Beaujolais 1987 guardadas desde 1989. Estava me perguntando o que fazer com elas." Todo crítico de vinhos já foi abordado pelo menos uma vez na vida por alguém com uma história desse tipo. Como somos pessoas educadas, resistimos ao desejo de dizer a verdade.

Em geral, murmuramos algo vago como "Oh, é mesmo?", mas o fato é que esses Beaujolais não têm nenhum valor de mercado e, provavelmente, estão estragados. Por várias razões, esses vinhos já estão mortos há muito tempo.

Quem nasceu em 1987 pode até se interessar pelas garrafas como curiosidade, mas, quanto a beber seu conteúdo, esqueça. O tempo de armazenagem de um vinho depende de alguns fatores. Primeiro, do próprio vinho: o Beaujolais pode ter virado vinagre há muito tempo, mas nem todos os vinhos de 1987 estarão tão mal. Essa foi uma ótima safra de Porto, por exemplo.

Do mesmo modo, um Sauvignon neozelandês de dez anos é, provavelmente, velho demais, enquanto um Cabernet Sauvignon californiano da mesma idade ainda agüenta o tranco.

Mas é preciso considerar também o gosto pessoal. Se você gosta de vinhos exuberantes e frutados, deveria ter bebido aquele Cabernet californiano que você tanto aprecia cinco anos atrás. Se você prefere os flexíveis e suaves, guarde-o por mais cinco anos. Esse é o teste final para descobrir se determinado vinho está melhorando ou piorando com a idade.

Se o último copo da garrafa for melhor que o primeiro, ainda está melhorando. Se não, todas as outras garrafas precisam de um fim rápido. Não guarde o vinho "só para garantir". Neste momento há um sem-número de garrafas em todo o mundo hibernando – e se deteriorando – nos porões, garagens e armários. Um desperdício total.

Alguém disse uma vez: "Admirar vinho velho é como fazer amor com uma mulher muito idosa. É possível. Pode até ser prazeroso, mas é preciso um pouco de imaginação."

Na dúvida, é melhor tirar a rolha antes cedo do que tarde demais. Você pode encontrar um adolescente um pouco desajeitado, mas não será melhor do que descobrir um cadáver?

VINTE E OITO

ACOMPANHE A TABELA DE SAFRAS, MAS FIQUE ESPERTO

Como todo produto agrícola, a uva está sujeita aos caprichos do tempo. Em algumas regiões, o clima é bastante previsível e os vinicultores não precisam ficar atentos aos boletins meteorológicos. Em outros lugares, a instabilidade é a regra. Um ano ensolarado e seco; outro, melancólico e nublado. Bons anos, maus anos, anos médios.

Ainda assim, se você pedir a um produtor de vinhos que descreva as últimas safras, obterá uma resposta mais ou menos assim: "O ano de 1995 foi muito bom, assim como as safras de 96, 98 e 2000. Já 1997 e 2001 foram considerados bons, enquanto 1999 foi de médio a bom, e 2002, médio. Então, quando foi a última safra abaixo da média? Hum, não temos uma assim há muito tempo; talvez em 93..."

É assim que são feitas as tabelas de safras: aquelas listas contendo a avaliação dos vinhos de uma região específica em um ano específico. Parece útil, e é.

Se você tiver à sua frente duas garrafas de Château

Blob Chardonnay, uma de 2001 e outra de 2002, uma rápida olhada na tabela mostraria que 2002 foi um ano muito melhor. Mas o que a tabela de safras não diz é que esse Château Blob 2002 não é tão bom quanto o 2001 de seu vizinho, o Domaine Bucket.

Outra peculiaridade que a tabela de safras não revela: os bons vinicultores conseguem produzir bons vinhos em safras ruins. Por isso, não deixe que as estatísticas dominem suas decisões de compra; é muito mais útil diferenciar um Bucket de um Blob. Uma vez estabelecido um grupo de produtores bons e confiáveis, mantenha algumas avaliações de safra em mente, mas não se deixe influenciar por informações do tipo "essa safra é imprescindível" ou a "safra do ano" na hora de ir às compras. Aquele Bordeaux 2000 pode ser fabuloso, mas será que você não vai querer beber outra coisa nos próximos 10 anos?

HARMONIZANDO COMIDA E VINHO

VINTE E NOVE

A TEMPERATURA CERTA DO VINHO

Tenho à minha frente uma garrafa de Tannat. O lar tradicional dessa variedade de uvas é o sudoeste da França, onde ela é responsável pelos tintos rústicos de Madiran. No verso do rótulo: "Sirva à temperatura ambiente." Hum. Mas que ambiente seria esse? Meu escritório no norte da Inglaterra? Talvez um cômodo no sudoeste da França? Ou algum lugar no Rio de Janeiro?

A origem dessa tradição vem do tempo em que o aquecimento central não existia e os cavalheiros usavam várias camadas de roupas de lã por baixo de suas sobrecasacas. O frio nos cômodos devia ser insuportável para os melindrosos cavalheiros do século XIX, mas era excelente para se servir vinho tinto. Nessa situação, o ambiente era suficientemente quente para que os taninos amargos do vinho não sobressaíssem mas frio o bastante para que a bebida permanecesse refrescante.

Isso não acontece nos dias de hoje, com o conforto da calefação central deixando aquecidos mesmo os países mais frios. O aumento na temperatura não é gentil com o vinho – sob sua influência, o álcool se sobressai, apagando toda a sutileza e confundindo os sabores.

Há uma garrafa sul-africana de vinho branco em minha escrivaninha em cujo rótulo se lê: "Sirva bem gelado." Sempre suspeito de vinhos que trazem essa indicação. Quando um produtor recomenda que seu vinho seja bebido tão frio quanto possível, normalmente isso significa que em situações mais quentes ele tem um gosto ruim. Imagine se fosse um bom vinho branco. Gelado demais, ele tem gosto de frio e de molhado. Uma temperatura menos gelada é até favorável ao vinho, permitindo que apareçam os sabores adicionais pelos quais você pagou caro.

Em geral, a maioria dos vinhos tintos é servida quente demais, e grande parte dos vinhos brancos, fria demais. Não coloque o Chardonnay para congelar uma semana antes de abri-lo: uma hora antes já está bom. E, para o Merlot, 15 minutos na geladeira podem ser o que ele requer.

TRINTA

POR QUE, ÀS VEZES, É PRECISO DECANTAR E DEIXAR O VINHO RESPIRAR

Não há nada de esnobe nos rituais que tornam o vinho ainda mais prazeroso. A decantação é um deles e há duas boas razões para que você incorpore esse hábito.

EVITA OS RESÍDUOS – A quantidade de resíduos depende da idade e do tipo do vinho. Um Porto de qualquer idade é cheio deles, ao contrário de um Pinot Noir (mesmo quando envelhecido). Você pode ver os sedimentos formados por taninos, cristais de ácido tartárico e pigmentos colorantes segurando a garrafa contra a luz. Você não vai ficar doente se bebê-los, mas eles não ficam muito bem no copo.

MELHORA O GOSTO DO VINHO – Alguns vinhos precisam de um pouco de persuasão para exibir suas cores verdadeiras. Outros são impetuosos demais e só o tempo diminui sua intensidade. Com vinhos bons e jovens em especial, raramente uma garrafa não se beneficia do que, em linguagem técnica, se chama "respirar".

"Respirar" sempre significa decantar. Não há razão para remover a rolha e deixar a garrafa parada ali, "respirando". Para aumentar a eficácia do processo, o ideal é transferir o conteúdo para uma jarra de vidro com boca larga, ou um decantador, onde o vinho poderá permanecer respirando por mais tempo.

A transferência do líquido para o decantador deve ser feita com a ajuda de uma fonte de luz (vela ou lâmpada) e com a mão firme, que tomba a garrafa mas mantém as partículas sempre abaixo do ressalto do "ombro" da garrafa. Isso impede que os sedimentos se misturem ao vinho que está saindo. Mas existem aparelhos que fazem a inclinação lenta da garrafa de maneira mais precisa que o método manual.

Se você estiver lidando com um vinho novo, basta colocá-lo no decantador antes de bebê-lo. Os vinhos velhos é que são os maiores beneficiários dessa técnica. Se você derramar o vinho devagar, conseguirá ver os primeiros sedimentos aparecerem. Pare por aí e use o resto no molho.

Não são apenas os vinhos tintos que precisam de decantação. Os brancos de alta qualidade não produzem muitos sedimentos, mas sua complexidade aromática certamente vai se beneficiar de um período de "respiração".

TRINTA E UM

FAÇA SUAS EXPERIÊNCIAS

Existem alguns casamentos entre vinho e comida que foram feitos no céu e outros no inferno. A maioria fica entre os dois extremos. A verdade é que, se você colocar cinco vinhos e cinco pratos diante de cinco pessoas e perguntar qual parceria elas preferem, a falta de consenso será ensurdecedora.

Veja as "regras" que criei sobre a combinação do vinho com a comida.

VINHO BARULHENTO, COMIDA SILENCIOSA; VINHO SILENCIOSO, COMIDA BARULHENTA – Quanto mais fortes e diversos os sabores de um prato, mais eles brigarão com um vinho poderoso. Escolha, portanto, algo simples: o Pinot Grigio (branco) e o Beaujolais (tinto) são os meus favoritos. Caso você queira deixar o vinho em destaque, ofereça uma refeição simples: frango assado funciona bem tanto com brancos como com tintos.

ACIDEZ OCASIONAL – Aquele Muscadet que, sozinho, parecia meio ácido, de repente, se revela vivo e refrescante quando consumido durante uma refeição. Contrariamente, o exuberante Chardonnay com sabor de pêssego foi um fracasso no jantar. Tudo isso por causa da acidez. Vinhos sem acidez ficam insípidos com a comida.

QUANDO EM ROMA... BEBA COMO OS ROMANOS – Em outras palavras, se estiver em algum restaurante de comida típica, experimente vinhos locais.

AFASTE ESSE VINHO DO MEU QUEIJO – Se o vinho tinto for suave e o queijo, duro, até pode ser. Mas eu sempre acho que vinho branco de qualquer grau de suavidade é uma aposta muito melhor para acompanhar uma tábua de queijos.

NÃO ACREDITE EM REGRAS – Nem mesmo nestas. Quebre qualquer norma ou protocolo. Misture vinho tinto com carne branca e peixe, e vinho branco com carne vermelha. Faça experiências e, se gostar, pratique. O avô de minha esposa bebia vinho suave durante toda a refeição e sempre com um sorriso no rosto.

RESUMINDO: FAÇA SUAS PRÓPRIAS REGRAS – Se você descobrir uma ótima combinação de vinho e alimento, parabéns! Se encontrar uma horrível, pegue um pedaço de pão, uma jarra de água e siga adiante.

TRINTA E DOIS

O RITUAL À MESA

Não sou o único a pensar que os donos da maioria dos restaurantes estão exagerando ao colocar preços absurdos em sua carta de vinhos. A desculpa? A compra, a armazenagem e o serviço, tudo isso custa dinheiro. Verdade. Mas nem tanto assim.

Felizmente, alguns chefes de cozinha têm uma abordagem mais sensata quanto a preços de vinhos. Perceberam que, se a pessoa sente que está pagando um preço justo, pedirá mais e, muito provavelmente, voltará.

Outros sinais de um restaurante amigo dos vinhos? Que tal os copos? Se forem grandes, sem adornos e em forma de tulipa, e se puderem abrigar uma boa quantidade de vinho sem que passem da metade do copo, isso é uma indicação positiva. Se forem lascados e velhos, então saia correndo.

E há também a carta de vinhos. Um bom sinal é ter meias garrafas e opções de vinhos servidos em copo. Isso permite que você possa beber vinho quando seu companheiro de refeição prefere outro tipo de bebida, assim como abre a possibilidade de saborear vários tipos de vinho de acordo com os pratos, inclusive a sobremesa.

E o tamanho da carta? O ideal é que ela cubra tantos estilos e preços quanto possível com o menor número de vinhos. Há boas seleções com apenas 20 vinhos e péssimas com mais de 200. Se a carta tiver mais de 600 sugestões, provavelmente será acompanhada por um sommelier.

Um bom sommelier direciona você aos melhores vinhos de acordo com suas possibilidades financeiras e a escolha do prato. O mau o intimida com seu conhecimento superior e você acaba pagando muito mais do que deveria.

Finalmente há o serviço. Vários restaurantes servem os tintos quentes demais e os brancos gelados demais. Não deixe que o garçom mergulhe o branco quase congelado novamente no balde.

A boa notícia é que vários restaurantes permitem que o cliente leve o seu próprio vinho. Quase sempre eles cobram uma tarifa pela "rolha", especialmente em locais que já possuem uma carta de vinhos decente, mas com certeza é muito mais vantajoso.

EXPERIMENTANDO COISAS NOVAS

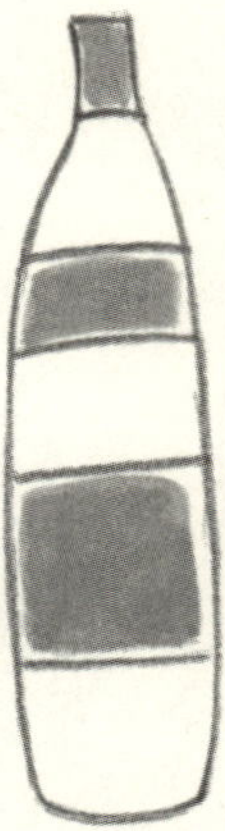

TRINTA E TRÊS

VINHOS QUE VALEM A PENA DESCOBRIR ANTES DE TODO MUNDO

Procurando vida além do Merlot de todos os dias? Aqui vão algumas sugestões para ajudá-lo a expandir seus horizontes etílicos.

ARGENTINA – Se você já provou o vigoroso Malbec, tente o aromático Bonarda e o Barbera com sabor de ameixa. Quanto aos brancos, o suavemente temperado Torrontés é uma boa bebida de verão.

AUSTRÁLIA – Apesar do interesse no Verdelho com sabor de marmelo, fala-se mais da região vinícola do que sobre a variedade de uvas australianas. Os locais em alta são Pemberton, Frankland River, Limestone Coast e Orange.

CHILE – A grande vedete do momento é a uva Carmenère, dona de uma suavidade herbácea. Adstringente demais no vinho varietal, ela fica muito melhor quando misturada às uvas Cabernet Sauvignon e Merlot.

FRANÇA – Os tintos do Languedoc-Roussillon e Côtes du Rhône estão entre os melhores do mundo. Destaque para os brancos Mâconnais da Borgonha, os tintos Côtes de Castillon, de Bordeaux, e tudo o que for da Alsácia.

ALEMANHA – As grandes propriedades continuam a produzir ótimos Rieslings, tanto secos como suaves. A novidade é que as pessoas fora da Alemanha estão começando a conhecer melhor esse tipo de vinho. Não deixe de ter alguns em sua adega.

ITÁLIA – Extremamente excitantes e difíceis de conservar. No sul, uvas como Negroamaro, Primitivo e Nero d'Avola estão sendo bem utilizadas. Há também muita atividade na Toscana, com Sangiovese (a uva do Chianti), Cabernet Sauvignon e Merlot. No norte, procure o moderno Barbera e os estranhos e maravilhosos brancos Friuli.

NOVA ZELÂNDIA – A coqueluche em termos de brancos

é a Pinot Gris, especialmente a produzida em Otago Central, que também é o lar da maravilhosa e relativamente barata Pinot Noir. Procure também o Shiraz Hawke's Bay.

PORTUGAL – Os tintos portugueses combinam a frescura do vinho moderno com o sabor forte do tabaco e de frutas como amora e ameixa. O Douro (lar do Porto) é uma região sexy, sendo a Touriga Nacional a uva da hora.

ÁFRICA DO SUL – A Shiraz está na moda, mas a Cape Blends (30 a 70% de Pinotage, além de Cabernet e Merlot) mantém o seu status. Os viticultores da Cidade do Cabo parecem ter, enfim, dominado a Sauvignon Blanc, mas preste atenção nos vinhos feitos com Chenin Blanc.

ESPANHA – A região de Rioja foi revitalizada (agora há carvalho e fruta), enquanto a grande uva Tempranillo está emergindo de Ribera del Duero e Toro. As regiões Priorato e Montsant estão produzindo tintos brilhantes e temperados, mas existem vinhos razoáveis até em La Mancha. Quanto aos brancos, vá de Rueda, Rias Baixas e Fino Jerez.

ESTADOS UNIDOS – Shiraz, Mourvèdre, Grenache, Marsanne, Roussanne e Viognier são as uvas do momento dos Rhône Rangers (vinicultores californianos que seguem o estilo francês), em uma espécie de alternativa à onipresente Cabernet. Também há a brigada Califórnia-Itália: Sangiovese, Nebbiolo, Barbera, Refosco e outras uvas. Os vinhos à base de Cabernet e Merlot, do estado de Washington, e de Pinot Noir e Pinot Gris, do Oregon, desafiam a supremacia californiana.

TRINTA E QUATRO

POR QUE VOCÊ DEVE PROVAR OS CLÁSSICOS PELO MENOS UMA VEZ

Há uma grande diferença entre um bom vinho e um ótimo vinho. Os bons fazem os fins de semana fluírem, mas os ótimos... bem, se você for do tipo tagarela, eles provocam uma mudez momentânea. Se você faz o tipo forte e silencioso, ótimos vinhos estimulam suas cordas vocais. Eles fazem com que você pare e preste atenção.

Ótimos vinhos, porém, são raros, caros e caprichosos – se você os pegar em um mau dia, ficará muito desapontado. Ainda assim, você tem a obrigação de provar tantos ótimos vinhos quantos puder.

Mas o que torna um vinho excelente? Em minha opinião é o que chamo de "vida além da fruta". Um ótimo vinho tem muito mais a oferecer do que simplesmente o sabor da uva. Ele deve ser perfeito, o que significa que, mesmo quando jovem, não deveria ser possível notar a associação entre a fruta, o carvalho (se ele tiver passado um período em um barril), o *terroir*, a produção e o álcool. Ele não precisa ser encorpado, mas deve ser rico e intenso, e também ter um aroma maravilhoso – seu cheiro deve ser tão prazeroso quanto seu gosto.

ENVELHECIDOS, PORÉM ÓTIMOS – Os franceses Borgonha (tinto e branco), Bordeaux (seco tinto e suave branco), champagne vintage e Hermitage (tinto e branco), o português Porto vintage, o Riesling alemão e o húngaro Tokaji.

JUVENTUDE ESPLENDOROSA – Cabernet do Napa Valley, nos Estados Unidos, Shiraz e Riesling da Austrália, e tintos da Toscana, na Itália.

Escolha por onde começar sua exploração dos vinhos top de linha, mas, de preferência, peça ajuda a algum especialista ou negociante bem informado. Explique qual é seu tipo favorito de vinho, quanto quer gastar (R$ 200 ou mais) e seu objetivo: "Quero um vinho que me deixe apaixonado."

Parece um valor muito alto para uma garrafa de vinho, mas admita: você gasta mais do que isso em uma boa noitada ou em uma tarde no shopping. Como a idéia não é despender essa quantia toda semana, só uma ou duas vezes por ano, trata-se de um investimento que vale a pena.

TRINTA E CINCO

OS VINHOS MAIS VALORIZADOS DO MUNDO

Tendo louvado os ótimos vinhos, agora vou criticar os medíocres. Não estou me referindo aos baratos e sem originalidade, mas aos vinhos que ostentam preços de primeira classe e oferecem uma experiência, digamos, banal.

Você pode tentar encontrar alguma desculpa para esses casos. Talvez o vinho fosse muito novo, ou muito velho, talvez não tenha combinado com a comida. O fato é que o vinho não fez o seu trabalho.

Nenhuma região vinícola é imune a esses vinhos do tipo "lobo em pele de cordeiro", mas algumas são mais pródigas do que outras. Normalmente, o mesmo *terroir* que oferece algumas das experiências sensoriais mais incríveis também tem seus vilões.

Aqui vão cinco dos maiores culpados.

BORGONHA TINTO – Um ótimo Borgonha é, de certa forma, uma espécie de orgasmo: se você não tiver certeza de ter tido um, é porque não sabe do que se trata;

mas, se você já passou pela experiência, certamente deseja repeti-la o mais rápido possível. Infelizmente, grande parte da vida de um apreciador não passa de uma imensa frustração. Os padrões do Borgonha estão melhorando, mas muitos vinhos ainda não possuem o fator "Sim! Sim! Sim!".

BORDEAUX TINTO – A maior região produtora de vinhos tintos do mundo deita-se demais sobre os louros. Vários *châteaux* produzem vinhos sofisticados na maioria das safras, mas os preços são estratosféricos. Considerando a existência de mais de 12 mil produtores, é incrível não existir uma boa oferta a preços acessíveis.

RIOJA – Outra região que se tem em alta conta. Os vinhos tradicionais passam tempo demais nos barris de carvalho, perdendo seu sabor no processo, e os vinhos novos não valem o que cobram. Felizmente, alguns produtores estão dando uma sacudida na região.

CABERNET SAUVIGNON DA CALIFÓRNIA – Um bom Cabernet para o dia-a-dia, que custa cerca de R$ 75, precisa oferecer algo de grandioso. Não é o que acontece. Simples, frutado e honesto, o tinto californiano quase sempre tem um gosto banal.

CHAMPAGNE – Dane-se a mística: a verdade é que muitas marcas que existem no mercado não passam de exploração. As que são verdadeiramente ótimas nem sempre são as mais caras, o que significa que muito Champagne não vale o que custa. A cava espanhola, por exemplo, é feita do mesmo modo e, mesmo assim, custa uma fração do preço.

TRINTA E SEIS

SELEÇÃO DE TINTOS

Se você aprecia estes vinhos citados abaixo, certamente vai gostar das alternativas sugeridas:

SHIRAZ AUSTRALIANO – Em vez dos grandes e encorpados, tente o Pinotage sul-africano e o Zinfandel californiano. E também os tintos do Rhône francês, como o Crozes-Hermitage e o Costières de Nîmes.

BEAUJOLAIS – A uva Gamay não é tão popular em outras partes do mundo, mas existem tintos suculentos e leves que podem ser encontrados na Itália (entre eles o Dolcetto) e na França, especialmente no vale do Loire (Bourgueil, Chinon e Saumur-Champigny) e na Borgonha.

BORDEAUX – Quase todo país produtor de vinhos produz Merlots e Cabernets, mas a Nova Zelândia, provavelmente, aproxima-se mais do Bordeaux em seus vinhos. O sudoeste da França também oferece ótimas opções: Cahors, Bergerac, Côtes de Duras e Côtes du Frontonnais.

BORGONHA – Procure Pinots da Nova Zelândia, do Oregon, de Sonoma e de Santa Barbara, na Califórnia, e também de várias partes do Estado de Vitória, na Austrália. A uva Nebbiolo, comum no norte da Itália (Barolo e Barbaresco são os dois melhores), oferece algo da fineza e da fragrância de um Borgonha.

CABERNET SAUVIGNON – Prima-irmã da uva Cabernet Franc, que é mais leve e encorpada (e utilizada para a maioria dos tintos do Loire). Tente outras uvas firmes e frutadas como a Malbec e a Touriga Nacional.

MERLOT CHILENO – Merlot de qualquer outro lugar é raramente tão franco e forte, mas os italianos Montepulciano e Barbera podem ser assim.

CÔTES DU RHÔNE – Como o Chianti, são muitas as variáveis. As mesmas uvas são utilizadas em todo o sul da França e nordeste da Espanha (lar do Priorat e do Montsant). E, se você der um passo acima, alcançará a majestade do Chateauneuf du Pape e do Gigondas.

PORTO – A Califórnia, a África do Sul e a Austrália produzem suas próprias versões, muitas delas de alta qualidade, enquanto a região francesa de Roussillon tem o

Banyuls, o Maruy e o Rivesaltes, ricos em sabores de figo. O italiano Recioto não é um vinho fortificado, mas é poderoso e doce.

RIOJA – Tempranillo, a uva por detrás da maioria dos Riojas, nasce em toda a Espanha, mas as regiões de Navarra, Rivera del Duero e Toro são o maior desafio em termos de qualidade. A Pinot Noir madura tem um leve aroma de morango que pode matar a saudade.

VALPOLICELLA – Vários tintos do norte da Itália (Trentino, Dolcetto, Bardolino, Teroldego) estão no mesmo nível: leves, amargos, com uma veia de sabor de cereja. O Blauer Zweigelt, da Áustria, também se aproxima deles.

ZINFANDEL – O Pinotage e o Shiraz oferecem o mesmo conforto de um bom Zinfandel. Uma alternativa é voltar às suas raízes, no sul da Itália, onde ele é denominado Primitivo, e experimentar os vinhos feitos de Negroamaro e Nero d'Avola.

TRINTA E SETE

SELEÇÃO DE BRANCOS

Se você aprecia estes vinhos citados abaixo, certamente vai gostar das alternativas sugeridas:

BORGONHA – Normalmente 100% de uvas Chardonnay, de modo que os vinhos Chardonnays produzidos em outros países são substitutos óbvios. Os Bordeaux feitos de Sauvignon Blanc e Sémillon também podem alcançar uma classe semelhante.

CHAMPAGNE – Austrália, Nova Zelândia, Califórnia e Espanha (cava) produzem bebida decente e amplamente disponível. Os espumantes de Franciacorta, na Itália, e até os da Inglaterra podem satisfazer completamente.

CHARDONNAY – Para muitas pessoas, vinho branco é Chardonnay. Vinhos australianos feitos de Sémillon, Verdelho e Marsanne também oferecem uma experiência deliciosa e importante.

PINOT GRIGIO ITALIANO – O Pinot Grigio de outras partes do mundo raramente tem a mesma vivacidade da versão italiana. Opte, em vez disso, por outros brancos italianos como o Gavi, Pinot Bianco e Arneis.

LIEBFRAUMILCH – Se você estiver em busca de algo suave e doce, procure vinhos feitos com a uva Riesling – a Austrália e a Nova Zelândia produzem as versões mais simpáticas.

MUSCADET – Pense em vinhos de regiões onde a culinária típica é baseada em frutos do mar. Experimente o vinho Verde de Portugal, os vinhos baseados na uva Assyrtiko, cultivada em Santorini, na Grécia, que vêm crescendo muito, além do Rias Baixas, da Espanha.

SAUVIGNON BLANC DA NOVA ZELÂNDIA – A África do Sul e a Austrália produzem bons Sauvignons. Prove ainda o Sancerre, o Pouilly-Fumé e o Menetou-Salon do vale do Loire.

BORDEAUX SAUTERNES BRANCO SUAVE – O povo de Bordeaux o bebe para acompanhar o queijo gorgonzola ou o patê, no lugar da sobremesa. Prove os clássicos da Austrália e o Tokaji da Hungria.

SOAVE – Vários brancos italianos se adequam à categoria levemente neutra e com sabor de nozes. O Rioja branco sem carvalho também vale. Os vinhos do sul da França e o Côtes du Rhône possuem estilos semelhantes, mas com sabor um pouco mais elaborado.

CHENIN BLANC SUL-AFRICANO – A Chenin Blanc do Loire (Vouvray, Anjou) é totalmente diferente. Experimente a Chenin da Califórnia e da Austrália, ou a aromática Viognier, que recende a pêssego.

ZINFANDEL – O sul da França e a Espanha (especialmente Navarra) são outras fontes de rosés finos e atraentes, apesar de menos doces que o Zinfandel branco.

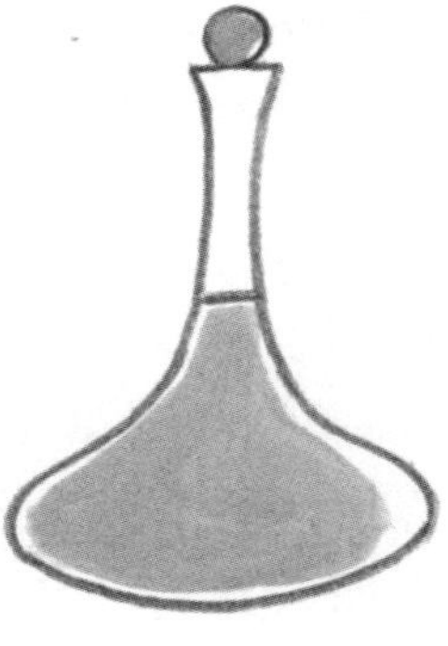

TRINTA E OITO

OS PERIGOS DE SE TORNAR UM ENOCHATO

Já que estamos quase no final deste guia, espero que tenha se tornado um entusiasta por vinhos. É possível, porém, que essa empolgação seja exagerada, como você saberá se um dia vier a conhecer um fanático por vinhos. Cada assunto tem sua cota de fãs obsessivos – pelo menos, no caso dos vinhos, o motivo de sua paixão tem um gosto bom. Ainda assim, isso não os torna menos chatos.

Normalmente é fácil identificar um enochato em uma festa. Enquanto todos estão procurando se divertir, a sobrancelha dele está cerrada. Em vez de simplesmente beber o vinho que está disponível, ele passa em revista os rótulos das garrafas, verificando que porcentagem de Shiraz ou de Cabernet cada uma contém. Quer saber se o produtor faz alguma recomendação sobre a adequação daquele vinho com as comidinhas oferecidas (apesar de eu nunca ter visto um rótulo com sugestões de harmonizações para vinhos e salgadinhos) e ignora a pilha de copos de plástico, dirigindo-se furtivamente para a cozinha a fim de ver se consegue um recipiente mais adequado para a libação escolhida.

Caso você seja encurralado por algum fanático desse tipo, nunca diga que, em sua opinião, "todos os vinhos parecem iguais". A menos que queira três horas de monólogo sobre técnicas de manejo, microxigenação e a diferença entre *terroir* e *einzellage* (indicação de qualidade dos vinhos alemães).

Veja os dez sinais que indicam se você corre o risco de se transformar em um enochato:

- Você toma notas sobre os vinhos quando sai para jantar.
- Você compra duas cópias das revistas sobre vinho para não correr o risco de que alguém leve seu exemplar e deixe sua coleção desfalcada.
- Você coleciona rótulos de garrafas.
- Você tem mais de uma gravata com motivo ligado a vinho.
- Você pode recitar a classificação do Bordeaux Châteaux em 1855.
- Você sabe de cor as 13 uvas do Chateauneuf du Pape.
- Você insiste em corrigir as pessoas que pronunciam mal Riesling.
- Você menospreza quem só bebe Chardonnay.
- Você não consegue se lembrar de suas últimas férias fora de uma região vinícola.
- Você tem mais saca-rolhas do que pares de sapatos.

TRINTA E NOVE

VOCÊ CONTINUA TENDO RAZÃO

Trinta e nove capítulos mais tarde, você continua tendo razão.

Suas opiniões quanto ao que é certo e errado quando o assunto é vinho podem ter mudado muito ou quase nada – o que importa é que você se sinta estimulado a experimentar novos sabores.

Meu objetivo não é forçá-lo a gostar de alguns vinhos específicos, mas encorajá-lo a fazer três coisas. A primeira é provar cada vez mais novidades: essa é a maneira mais fácil e prazerosa de aprender sobre vinhos. Um produtor me falou uma vez que um dos seus vinhos tinha sabor de telha. Eu não acreditei nele até provar o vinho. E não é que tinha mesmo?

A segunda dica é investir um pouco mais na hora de montar sua adega. Há muita coisa boa e barata, mas é impressionante a quantidade de sabor adicional que os vinhos mais caros oferecem.

Em terceiro lugar, siga as dicas de seu fornecedor. Os vinhos mais interessantes têm, em geral, pequenas tiragens e não chegam aos grandes distribuidores. É aí que os especialistas entram.

E, quanto à afirmação NÃO SEI MUITO SOBRE VINHO, MAS SEI DO QUE GOSTO, você ainda se identifica com ela?

Qualquer que seja a resposta, eu adoraria receber seus comentários – sobre o livro ou sobre vinho em geral. Envie sua mensagem para:

idontknowmuch@simonwoods.com

Agora, vá abrir uma garrafa.

SIMON WOODS

A VIDA É BELA

Dominique Glocheux

Só se vive uma vez. Então é preciso descobrir o prazer das coisas simples, dos tesouros escondidos que tornam a vida bela. Esse pequeno manual vai levar você para um passeio dentro de si mesmo e despertar idéias, sentimentos e desejos adormecidos.

Abra as portas do seu coração e as janelas de sua alma, saboreando cada um dos 512 conselhos reunidos nesse livro.

LEVANDO A VIDA NUMA BOA

Ernie J. Zelinski

A felicidade exige trabalho. Mas não um trabalho intenso como a maioria das pessoas acredita. A felicidade requer, acima de tudo, que se preste atenção à vida. No mundo de hoje é muito fácil a gente se esquecer das coisas importantes que contribuem para a felicidade. Por isso, todos deveríamos ter um pequeno livro como esse para consultar de tempos em tempos e ter uma vida mais intensa, feliz e tranqüila.

CONHEÇA OUTROS LIVROS DE BOLSO DA EDITORA SEXTANTE

- *1001 razões para gostar do Brasil*, de Marcelo Camacho
- *Abra sua mente, abra sua vida*, de Taro Gold
- *Amor de A a Z*, de Rose Marie Muraro
- *Aprenda a escutar seu coração*, de Hugh Pather
- *De pai para filho*, de Harry H. Harrison Jr.
- *Dez leis para ser feliz*, de Augusto Cury
- *Faça sua luz brilhar*, de Neale Donald Walsch
- *Filtro solar*, de Mary Schmich
- A *força da ternura*, de Leonardo Boff
- *Histórias para aquecer o coração*, de Jack Canfield e Mark Victor Hansen
- *Ioga no trabalho*, de Darin Zeer
- *Mensagens de sabedoria e paz*, de João Paulo II
- *Palavras de sabedoria*, de Sua Santidade, o Dalai-Lama
- *Posso conseguir o que desejo*, de Iyanla Vanzant
- *Princípios essenciais das pessoas altamente eficazes*, de Stephen R. Covey
- *Quando me amei de verdade*, de Kim McMillen e Alison McMillen
- *Quem acredita sempre alcança*, de Peter McWilliams
- *Se eu quiser falar com Deus*, de Rebbe Nachman de Breslov
- *Seja líder de si mesmo*, de Augusto Cury
- *Sinta-se livre onde você estiver*, de Thick Nhat Hank
- A *vida é bela no trabalho*, de Dominique Gloucheux
- *Você é insubstituível*, de Augusto Cury

INFORMAÇÕES SOBRE OS PRÓXIMOS LANÇAMENTOS

Para receber informações sobre
os lançamentos da Editora Sextante,
basta cadastrar-se diretamente no site
www.sextante.com.br

Para saber mais sobre nossos títulos
e autores, e enviar seus comentários sobre
este livro, visite o nosso site
www.sextante.com.br ou mande um e-mail para
atendimento@esextante.com.br

Editora Sextante
Rua Voluntários da Pátria, 45 / 1.404 – Botafogo
Rio de Janeiro – RJ – 22270-000 – Brasil
Telefone (21) 2286-9944 – Fax (21) 2286-9244
E-mail: atendimento@esextante.com.br